À l'aube *de la* vie intérieure

Catalogage avant publication de Bibliothèque et Archives nationales du Québec et Bibliothèque et Archives Canada

Titre: À l'aube de la vie intérieure : pensées et réflexions / Jason Lapointe.
Noms: Lapointe, Jason, auteur.
Identifiants: Canadiana (livre imprimé) 20210069740 | Canadiana (livre numérique) 20210069759 | ISBN 9782897884918 (couverture souple) | ISBN 9782897884925 (EPUB)
Vedettes-matière: RVM: Vie spirituelle. | RVM: Méditations.
Classification: LCC BL624.2.L37 2022 | CDD 204/.32—dc23

Avec la participation financière du gouvernement du Canada. Canadä

Nous remercions la Société de développement des entreprises culturelles du Québec (SODEC) pour son appui à notre programme de publication.

Gouvernement du Québec – Programme de crédit d'impôt pour l'édition de livres – Gestion SODEC.

Infographie de la couverture et mise en pages : Marjorie Patry
Correction d'épreuves : Mélanie Asselin

Éditeur : Les Éditions Le Dauphin Blanc inc.
450, avenue Saint-Jean-Baptiste, Bureau 80
Québec (Québec) G2E 5R9 CANADA
Tél. : 418 845-4045 Téléc. : 418 845-1933
Courriel : info@dauphinblanc.com
Site web : www.dauphinblanc.com

ISBN version papier : 978-2-89788-491-8
ISBN version numérique epub : 978-2-89788-492-5

Dépôt légal : 1er trimestre 2022
Bibliothèque nationale du Québec
Bibliothèque et Archives Canada

Données de catalogage disponibles auprès de Bibliothèque et Archives nationales du Québec.

Imprimé au Canada

Jason Lapointe

À l'aube *de la* vie intérieure

Réflexions quotidiennes

Le Dauphin Blanc

Remerciements

J'aimerais simplement remercier du fond du cœur tous ceux et celles qui m'encouragent et me soutiennent dans la réalisation de mes rêves. Je souhaite sincèrement vous inspirer, par mes écrits, à être pleinement qui vous êtes, et surtout à vivre votre vie de rêve...

Avant-propos

Voici un recueil de réflexions écrites au cours des cinq années qui ont suivi la publication de mon premier roman, *À l'aube de l'éveil*. Ces sont des pensées inspirées de mes moments de solitude et d'introspection dans la nature québécoise, au cœur des forêts, des lacs et des cours d'eau. Je souhaite que ces réflexions vous accompagnent sur le chemin de la vie intérieure.

-1-

Chaque journée est une nouvelle occasion à saisir pour découvrir qui tu es réellement : un être unique et merveilleux...

Apprends à te connaître, à te respecter, à t'aimer afin que tu puisses t'épanouir et commencer à vivre. Ne laisse plus la peur ou le doute envahir ton cœur. Aie confiance en la perfection de l'existence. Remercie les forces invisibles qui œuvrent en toi et tout autour de toi. Elles t'aideront à découvrir ton pouvoir intérieur; l'amour inconditionnel.

Chacune de tes pensées est perçue par l'Univers. Tu peux toi aussi devenir le créateur de ta vie! Ce que tu exprimes en pensées, en paroles ou en actions se manifestera un jour ou l'autre. Alors, n'attends plus, deviens qui tu souhaites être et recrée ta vie selon la plus haute vision que tu peux avoir face à celle-ci...

-2-

Réapprends à vivre pleinement chaque instant de ta vie. Ose constamment te surpasser, pour apprendre à mieux te connaître et ainsi trouver le courage de réaliser tes rêves... N'oublie jamais que ta santé est ta plus grande richesse et le bonheur ton bien le plus précieux.

Dans les moments difficiles, face au doute et à l'incertitude, laisse ton cœur te guider. Écoute-le, sois attentif à tout ce que tu ressens, car voilà le langage universel, celui qui va au-delà des mots...

Va au-delà des limites que tu t'imposes quotidiennement. Il faut savoir se surpasser pour découvrir de nouvelles frontières à traverser. C'est ainsi que tu réaliseras tes rêves les plus fous, en avançant constamment, peu importe les défis de la vie... Repose-toi s'il le faut, mais n'abandonne jamais!

-3-

Apprécie les plaisirs simples, car c'est ainsi que tu pourras maintenir un bonheur véritable dans ton cœur malgré les intempéries de la vie. Tu peux constamment te surpasser, tu as toujours le choix de continuer d'avancer ou de t'arrêter. Va toujours de l'avant et partage tes joies avec ton entourage, car ce que tu sèmes, tu le récolteras un jour ou l'autre!

C'est au cœur même de ta souffrance que se trouve ta délivrance, tout est une question de confiance et de persévérance. Tout est parfait, rien n'arrive pour rien, prends le temps de faire le point. Chaque chose a sa raison d'être; c'est grâce à tout cela que tu es la personne que tu es aujourd'hui! Continue de croire en toi et en la magie de la vie, c'est l'une des clés de ta liberté.

-4-

La vie sur terre est fragile et éphémère..., le temps t'est compté. Tu es né et tu mourras, sans le décider. Chaque nouveau jour pourrait être ton dernier. Chaque personne que tu croiseras aujourd'hui pourrait être la dernière fois... Être dans l'action c'est bon, mais toujours courir d'un côté à l'autre, sans jamais prendre le temps de t'arrêter, ne peut que te nuire. Comment peux-tu être heureux si tu es incapable d'apprécier ce que tu es et ce que tu as déjà?

Le bonheur peut être si simple, si seulement tu apprends à dire merci à la vie tous les jours. Sois reconnaissant pour chaque petite chose qui t'est offerte au quotidien...

Aujourd'hui, apprécie chaque instant, chaque rencontre, sois simplement heureux d'être en vie, d'être qui tu es et ose commencer à vivre la vie dont tu as toujours rêvé!

-5-

Lorsque l'on réalise que tout est parfait, que tout se place sur notre chemin pour notre bien, nous pouvons alors nous laisser aller au gré du courant et lâcher prise sur notre résistance face à l'existence. Apprendre à lâcher prise, peu importe ce qui t'arrive, c'est te donner le droit de goûter au véritable bonheur!

Tu peux toujours tenter de résister, de t'obstiner en nageant à contre-courant, mais le voyage sera beaucoup plus agréable si tu prends pour exemple la rivière; peu importe les obstacles qui se présenteront sur ta route, tu t'adapteras rapidement à ton environnement en demeurant souple et déterminé...

La rigidité n'est plus appropriée pour celui ou celle qui souhaite retrouver la paix de l'esprit! Lâche prise, tu ne peux tout contrôler, car la vie est remplie de haut comme de bas... Ce qui fera de toi un être heureux et accompli, c'est ta capacité à t'adapter, en acceptant inconditionnellement ce qui se présente sur ta route.

-6-

Les rêves nous poussent toujours plus à aller de l'avant. Ils nous invitent à nous surpasser pour dépasser nos limites et nos peurs... Le rêve nous construit et nous maintient en vie.

En quelque sorte, nous sommes tous de grands rêveurs!

Ta plus grande force sommeille au creux de ton cœur..., c'est la volonté de te réaliser au travers de tes rêves les plus chers. Il ne faut plus douter de tes capacités, le temps est venu d'oser et de foncer!

Ce sur quoi tu portes ton attention se développe, que ce soit en toi ou tout autour de toi. Ton pouvoir réside dans ta capacité à reconnaître ce que tu es réellement pour pouvoir être capable d'agir en ce sens. Personne ne pourra t'offrir ce à quoi tu aspires le plus. D'abord, apprends à te connaître, puis utilise cette force intérieure qui habite ton cœur pour atteindre et réaliser tes rêves les plus fous!

-7-

Nous avons tous une voie à suivre qui peut nous mener vers un véritable bonheur. Pour mieux s'épanouir, pour enfin jouir de la vie, il faut simplement avoir le courage de suivre notre légende personnelle!

N'attends plus à demain pour transformer ton existence, pour faire de ta vie un rêve et de ton rêve une réalité... À chaque instant, tu peux changer les choses, en modifiant ta pensée limitative en une énergie positive qui se renouvelle continuellement! Personne ne pourra te libérer de ta prison intérieure, sinon ta propre volonté à affronter tes peurs... Aujourd'hui, accepte enfin d'être un être libre, épanoui et accompli!

-8-

Le changement débute en toi, il n'y a nulle part à aller sinon en toi-même, rien à faire sinon être le changement, car ton plus grand maître se trouve en toi.

Le monde extérieur n'est que le reflet de ton monde intérieur... La seule personne qui peut te révéler le comment du pourquoi, elle est là, assise en toi, à attendre que tu l'interpelles. Ne doute plus, n'aie plus peur de la noirceur, écoute ton cœur. Ton monde changera si tu choisis le changement en toi.

Si ta vie est déjà merveilleuse, il ne te reste qu'à l'apprécier et à remercier le Créateur. Par contre, si tu cours constamment après un bonheur qui semble inatteignable, commence à vivre chaque instant comme si c'était le dernier et surtout ne réfléchis plus, saute à pieds joints dans cette merveilleuse aventure qu'est la vie!

-9-

Vivre pleinement, c'est devenir de plus en plus ivre de bonheur, c'est suivre la voie de ton cœur. En faisant toujours de ton mieux, tu réaliseras que tout est possible. Chacune de tes actions, voire même de tes pensées t'aidera à construire la vie dont tu as tant rêvé. Il te faudra avancer vers des sentiers inexplorés pour réaliser ta destinée...

Si tu te sens égaré, dans ce mode de vie effréné, prends le temps de t'arrêter pour mieux écouter ton sage intérieur! Suis la voie de ton cœur, malgré toutes tes peurs, et tu vas ainsi te sentir revivre. Toi seul sais ce dont tu as vraiment besoin dans ta vie.

-10-

Tu peux toujours apprendre quelque chose, et ce, jusqu'à ta mort. Garde l'esprit ouvert, reste humble et attentif. Tant de choses ou d'événements peuvent devenir ton enseignant...

Ta véritable force ne se trouve pas dans tes muscles ou dans ton entêtement, mais plutôt dans ta capacité à apprendre de la vie et à te relever lorsque tu tombes. Repose-toi s'il le faut, mais n'abandonne jamais.

Tu ne peux changer ce qui est à l'extérieur de toi. En revanche, tu peux apprendre à maîtriser et à transformer la façon dont tu perçois ta vie et les expériences qui en découlent.

La sagesse vient habituellement avec l'âge, mais elle peut aussi se développer par notre bonne volonté à avancer et à se réaliser. Pour y arriver, apprends à écouter ton intuition ainsi que tout ce que la vie t'envoie comme révélation.

-11-

Pour qu'une chose disparaisse, il faut d'abord la reconnaître...

Aussi longtemps que tu renieras ton passé, tes souffrances comme tes fautes, tu ne pourras guérir de l'intérieur. Et toute guérison commence par l'acceptation, suivie de très près du pardon...

Apprécie ce que tu es réellement, et pardonne à ceux qui t'ont blessé pour mieux te libérer de tous les fardeaux que tu traînes inlassablement avec toi depuis déjà trop longtemps.

Pardonne et accepte ce qui a été, avant tout pour toi, pour te libérer. Choisis de faire la paix avec ton passé, avec ce que tu as été et ce que tu es devenu. Regarde tes peurs en face et ne leur accorde plus l'importance dont elles ont besoin pour exister. La peur fait partie de toi, il faut apprendre à l'apprivoiser...

-12-

Aujourd'hui, accepte la vie telle qu'elle se présente à toi...

Si tu n'es pas face à un réel danger, la peur et l'anxiété n'ont pas vraiment leur place dans ton cœur. Ce n'est que le résultat d'un manque de conscience à l'instant présent, car l'anxiété et la peur sont, pour la majorité du temps, des projections mentales qui nous ramènent constamment dans le passé ou dans le futur. Ici et maintenant ne contient habituellement aucun risque potentiel. Pour t'aider à te libérer de tes souffrances intérieures, réapprends à respirer calmement tout en focalisant ton attention sur le moment présent. Trouve un endroit calme, si possible dans la nature, puis tourne ton regard vers l'intérieur et écoute ce que te dicte ton cœur... Lui seul saura te guider vers ta vérité.

Ça peut sembler difficile au début, mais il suffit d'oser faire le premier pas. Tu as la force et le courage d'affronter chacune de tes peurs pour faire place au bonheur...

-13-

Nous passons tous par des périodes difficiles. C'est un fait, la souffrance est inévitable au sein de l'existence, qu'elle soit physique ou émotionnelle. Cependant, la façon dont nous la percevons transforme son sens et son intensité.

Avec tout ce que la vie t'apporte, il faut apprendre à te reposer si tu en as besoin, mais surtout ne jamais abandonner ce pour quoi tu es venu au monde, ce pourquoi tu te bats depuis déjà si longtemps!

Si l'arbre est constamment à l'abri du vent, il développera plus de branches que de racines ainsi qu'un tronc moins solide. Et lorsqu'un gros coup de vent réussira à l'atteindre, il y a de fortes chances qu'il casse ou se déracine... Les épreuves quotidiennes sont comme les intempéries qui façonnent la nature. Ils ont leur place dans ce monde, car ils t'offrent l'occasion de te surpasser, de prendre de la force et surtout de trouver le courage de vivre sans aucune retenue.

Si tu n'as pas la possibilité de transformer le monde et les expériences que tu vis, tu peux toujours grandir et t'épanouir grâce à celles-ci, en changeant ta façon de percevoir la vie, ta vie...

-14-

Tu réalises tristement que tu ne peux changer les choses ou les gens? Dépose les armes, lâche enfin prise, accueille inconditionnellement tes défauts comme tes qualités, pour mieux avancer vers ta destinée.

Si tu n'es pas en mesure de changer le monde, tu peux au moins transformer la façon dont tu le perçois! C'est en acceptant ce qui est que tu commenceras à guérir, puis à sourire. Plus tu résisteras et plus tu stagneras. Pour goûter au véritable bonheur, écoute la petite voix de ton cœur, celle qui te guide toujours dans ton cheminement intérieur.

Garde toujours une attitude positive, ainsi toutes les épreuves deviendront des occasions d'apprendre et de grandir pour mieux continuer ta route. S'il y a un problème, il y a aussi forcément une solution, l'un ne va pas sans l'autre! Laisse du temps au temps...

L'impossible devient presque possible lorsque tu apprends à connaître tes forces et tes faiblesses.

-15-

Certains disent que la vie est un combat et j'ai longtemps médité sur la question. Aujourd'hui, je crois qu'il faut se faire autant « guerrier » que « sage ». La vie est imprévisible et elle nous demande toujours plus d'équilibre.

Parfois, tu devras être au front, au cœur de l'action, en tentant le tout pour le tout, juste pour survivre et atteindre tes buts. D'autres fois, tu devras rester derrière, au campement, afin de te reposer pour mieux méditer sur l'orientation de ta vie.

Parfois, il est temps d'agir, d'autres fois, il est mieux de t'abstenir. Parfois, il est temps de pleurer ta douleur, et d'autres fois, il est temps de sourire à ton bonheur...

Tu connais sûrement cet adage : « Chaque jour suffit sa peine ». Tu ne peux gravir une montagne en une seule enjambée, mais c'est petit à petit, pas à pas, que tu atteindras un jour son sommet. Tu es le capitaine de ton navire, et au cours de ton voyage, tu ne pourras contrôler les tempêtes, mais tu peux apprendre à bien naviguer.

-16-

En cette nouvelle journée, pourquoi ne pas oser croire en l'impossible, en la magie de la vie ?

Malgré tous les obstacles qui se dresseront fièrement devant toi, en dépit des épreuves difficiles qui tenteront de freiner ton avancée et nonobstant les pleurs et parfois la douleur, continue ton chemin en tentant toujours l'impossible pour réaliser tes rêves les plus fous! La personne la plus importante dans ta vie, c'est toi...

Non pas ta personnalité, ou ton ego, mais bien ton être véritable, celui qui te guide vers ta légende personnelle.

Lorsque tu décides d'abandonner tout cela, pour une autre personne, tu te renies peu à peu et d'une manière ou d'une autre tu changeras, tu ne seras plus le même, tu n'auras plus la même lueur dans les yeux...

Et il y a de fortes chances que cette même personne pour qui tu t'es sacrifié ne reconnaisse plus en toi l'être aimé et choisisse de te quitter malgré tout. Alors à partir de maintenant, vis ta vie pour toi et non pour les autres!

-17-

Malgré tous tes efforts, malgré toute ta volonté, il arrive que tu aies l'impression de stagner, de demeurer pris dans un bourbier. Tu te demandes constamment pourquoi le ciel reste sombre au-dessus de ta tête. Malgré la peur et l'insécurité, il faut savoir s'arrêter pour écouter et regarder tout autour avec amour, car la nature, dans toute sa bonté, peut t'enseigner et te consoler. Pour qu'un nouveau germe puisse pousser, il faut du temps, mais aussi une terre sombre et humide. Lorsque le moment est venu, la nouvelle pousse peut alors percer le sol et se réjouir sous les chauds rayons du soleil.

Tel un guerrier pacifique, tu dois constamment faire tout en ton possible dans ces situations, et aller au bout de toi-même, pour le meilleur et pour le pire. En adoptant ce côté combattant « ai-je fait de mon mieux, ai-je tout donné » ?, tu te sentiras pleinement accompli et ainsi tu pourras franchir des frontières qui te paraissaient infranchissables! Accepte les périodes difficiles et plus sombres de ta vie avec patience et espérance, car bientôt le soleil brillera à nouveau et tu constateras à quel point tu as grandi.

-18-

L'amour est l'ultime force tranquille qui a été léguée par le Créateur à sa création. Oui, aimer, tout simplement aimer, pour le simple plaisir de la chose, en te laissant aller. Pour ne plus penser, pour mieux te retrouver, pour tenter de te délivrer, aime ceux et celles qui croiseront ton chemin, simplement pour partager un peu de ce qui t'a été donné. Aime sans retenue, sans condition, car c'est ta plus grande force et c'est ce que tu as toujours cherché : aimer et être aimé.

Apprends à t'aimer comme tu aimerais être aimé...

Tout commence par l'acceptation, le respect et l'écoute de soi, telle est la voie, le commencement de tout cheminement intérieur.

Car si tu ne peux le faire pour toi-même, comment peux-tu le faire pour tous ces êtres qui ont tant besoin d'amour?

Alors, cultive la paix, l'harmonie et la sérénité en toi afin de goûter à l'unité. Rien ne sera facile sur cette voie et pourtant tout est possible, pour qui a un cœur sincère...

-19-

La forêt est un merveilleux endroit pour renouer avec les secrets bien gardés de la vie... Lorsque tu foules de tes pieds le temple sacré de la nature, ton cœur s'ouvre, ton âme s'abreuve à la source même du vivant et ton esprit redevient, l'espace d'un instant, à l'image du vent qui s'ébat dans les hauts branchages, libre et enjoué! Tu es un enfant de la Terre, et conséquemment, tu es uni à toutes les formes de vie.

Unis-toi à la force sacrée qui anime la forêt, respire l'air frais et pur, et pour un instant, redeviens celui que tu as toujours été, au-delà des apparences et de toute souffrance, reviens auprès de ta Mère la Terre, car tu es son enfant bien-aimé...

-20-

En grandissant, tu as appris, souvent bien malgré toi, à porter des masques et à agir selon les différents principes véhiculés par notre société actuelle qui ne correspond pas toujours avec ce que tu es au-dedans.

Qui es-tu réellement derrière cette façade qui semble être inatteignable? Tu es un être réalisé, une personne accomplie. Tu es déjà ce que tu cherches à être! Tu es un petit enfant, au regard enjoué, au cœur fragile.

Trouve ta légende personnelle, c'est un grand pas vers le véritable bonheur et la paix intérieure, car chacun doit suivre sa propre voie et non celle imposée par les autres! Demeure constamment à l'écoute, car la vie te parle...

Parfois, il est temps d'agir, d'autres fois il est mieux de t'abstenir. Parfois, il est temps de pleurer ta douleur et d'autres fois il est temps de sourire à ton bonheur...

Malgré tout ce que la vie t'apporte comme expérience, tu peux te reposer s'il le faut, mais surtout, n'abandonne jamais ce pour quoi tu es venu au monde, ce pour quoi tu te bats!

-21-

La vie se doit d'être vécue à fond, sans idées préconçues, à chaque instant qui passe. Quoiqu'il arrive, si tu souhaites vivre un véritable bonheur, tu dois persévérer, suivre ta voie et surtout rester toi-même! Chaque nouveau jour, remercie le Grand-Esprit, parce que tu es en vie... tu es un être unique. Parce que tu as la force et le courage de continuer ton chemin malgré tous les obstacles qui se dressent fièrement devant toi. Sois conscient que malgré les intempéries, il y aura toujours de beaux paysages à contempler et à découvrir.

Laisse ton cœur se remplir de bonheur, en comprenant maintenant que la route est l'accomplissement en soi, et que la destination n'est pas une finalité, mais un tremplin vers d'autres aventures... Ouvre ton cœur à l'amour, au pouvoir du moment présent, en apprenant à t'amuser avec toutes les possibilités que la vie t'offre.

-22-

Nous avons tous, en quelque sorte, un combat à mener pour devenir l'être que nous avons rêvé d'être ou parfois tout simplement pour demeurer en vie...

Tu seras souvent seul sur ce chemin. Certains te tendront la main, pendant que d'autres feront tout pour t'empêcher de continuer ta route. Tu seras souvent blessé, rejeté, méprisé, jugé et mal aimé. Tu comprendras alors qu'il est impossible d'être apprécié de tous, et qu'il y aura toujours des gens pour rabaisser les autres.

Avec cette prise de conscience, tu pourras commencer à penser un peu plus à toi...

Faute de pouvoir obtenir l'amour que tu aimerais recevoir, apprends à te donner l'attention et le respect que tu mérites. Apprends à t'aimer comme tu aimerais être aimé.

-23-

Vivre au rythme de la nature, c'est tâter le pouls de la vie, c'est ralentir, réfléchir et retrouver l'équilibre entre l'action et la relaxation.

Chaque jour, pour que tout soit moins lourd, va dans la nature, tu pourras ainsi mieux renouer avec le rythme apaisant de la vie qui t'entoure... Renouer avec la Terre, c'est aussi se réconcilier avec soi-même, c'est réapprendre à vivre en harmonie avec la vie et non contre celle-ci.

-24-

Juger, c'est se baser sur de fausses interprétations; c'est une limite que l'on impose à l'expansion de notre conscience, dans le moment présent. Celui ou celle, qui croit tout savoir, avance les yeux bandés sur le chemin de sa vie. L'être éveillé avance le cœur libre de tout attachement, et tel un enfant, il gambade dans une profonde joie sur les sentiers escarpés de l'existence...

L'enfant ne possède rien, ne sait presque rien et pourtant, tel un doux rayon de soleil, il rayonne sur tous et réchauffe les cœurs.

-25-

Pourquoi te lèves-tu le matin? Pour quelles raisons es-tu toujours en vie, malgré tous tes soucis et toutes les difficultés que tu as rencontrés au cours des dernières années?

La vie est un long voyage. Que l'on aime voyager ou non, il nous faudra avancer et explorer les confins de notre être et de ce monde étrange.

Parfois, nous serons assis sur le sommet d'une montagne, la tête dans les nuages à contempler le paysage, et d'autres fois, nous serons dans la plus sombre des vallées à nous demander comment s'en sortir pour arrêter de souffrir...

La vie ne peut que se vivre pleinement, si tu apprends à penser aussi à toi. Il faut oser devenir ton meilleur ami et comprendre que tu es la personne la plus importante dans ta vie. Apprends à t'aimer comme tu aimerais l'être.

-26-

Tu te demandes encore où trouver ce pouvoir intérieur qui te permettra d'affronter tes peurs et tes douleurs?

Il a toujours été là, ce petit feu de joie qui sommeille dans ton cœur. Quand rien ne va plus, retire-toi en toi et écoute attentivement le murmure de ton cœur. Il peut te guider et t'aider à te libérer de ta lourdeur pour que tu t'élèves enfin vers toute ta splendeur.

Crois en toi, en la vie et en la magie, et rayonne d'un cœur rempli d'amour.

-27-

C'est dans la simplicité que l'on peut trouver les plus grandes vérités...; il suffit de regarder jouer un enfant ou même son animal de compagnie pour réaliser à quel point le bonheur peut être simple et accessible. Pourquoi se compliquer la vie en se tracassant continuellement? Vivons pleinement le moment présent, c'est beaucoup plus amusant et enivrant.

Chaque instant est unique et précieux. Vis comme si c'était ton dernier jour et fais simplement de ton mieux car c'est l'espoir qui doit être le vent dans les voiles de notre vie... c'est cela la véritable force. Elle ne se trouve pas dans nos muscles ou dans notre entêtement, mais dans notre capacité à s'adapter, puis à avancer tout en continuant de rêver.

-28-

Dans notre société actuelle, qui est portée vers la surconsommation, il est normal de posséder une chose, mais lorsqu'elle ne nous convient plus, il est normal de la jeter simplement aux ordures...

Un peu d'équilibre dans notre ère moderne serait merveilleux pour toute l'humanité... La ville offre de nombreuses possibilités et nous sommes des êtres de société. Mais le temps est venu de nous épanouir en tant qu'individu et comme société en harmonie avec ce que la Terre nous offre déjà afin que nous puissions nous réconcilier avec celle-ci, et ainsi nous rapprocher les uns des autres... au lieu de nous éloigner de plus en plus et de détruire ce lien sacré qui nous unit tous !!!

-29-

Comme tout le monde, tu as des forces et des faiblesses, mais toi, tu peux faire le choix de te concentrer sur ce qu'il y a de meilleur dans ton cœur et puis devenir ce que tu aspires...

Dès ton plus jeune âge, tu as appris à le faire avec les objets. Mais ce qui est le plus triste, c'est qu'avec le temps, tu en es venu à agir de la même manière avec les êtres vivants, avec les gens...

Tu as une âme, tu as un cœur, il est possible d'apprendre à les écouter, à les laisser parler et à s'exprimer. Cesse de fuir et de toujours choisir le chemin le plus facile...

-30-

Les animaux sont les anges de la Terre... Nous pouvons tous, un jour ou l'autre, apprendre à toucher le cœur d'un animal, comme nous le faisons avec un proche. Si tu tentes l'expérience, tu remarqueras sûrement qu'il se laisse facilement aimer et qu'il te retourne cet amour inconditionnel avec plus de facilité que la plupart des humains...

Il sera toujours là lorsque tu auras besoin de son soutien et de son réconfort. Il continuera de te donner son amour inconditionnel malgré toutes tes bêtises.

Alors, par respect, prends soin d'eux aussi en retour... Ils méritent tous notre affection et notre amour!

-31-

La vie n'est pas facile, au contraire... Mais malgré tout ce qui nous arrive, il faut persévérer et cultiver la joie de vivre. Il faut être courageux et continuer à marcher, un pas à la fois, car notre bonheur est là qui nous attend!

Lorsque plus rien ne va, laisse le soleil réchauffer ton cœur et le vent caresser ta peau. Tu n'es pas seul, un ange t'accompagne toujours. Aie confiance en la perfection de l'amour. Partage ton bonheur avec les autres, rayonne et n'aie plus peur, car tout arrive à point à qui sait se faire patient.

Ça ne sert à rien de tout bousculer, l'important, c'est seulement d'aimer. Aime et ensuite tout se placera selon la volonté du Créateur. Aime-toi autant qu'il t'aime. L'Amour est ta vraie nourriture, il remplira ton cœur de sérénité.

Ose recréer ton monde, ton univers intérieur selon ta plus haute vision afin que celui-ci se reflète sur le monde extérieur. Tu es la voie, tu es la vie, tu es le chemin, voilà ce que tu es...

Tu peux enfin te reposer, te revoilà maître chez toi. Ne cherche plus, car tu t'es trouvé, tu es maintenant un!

Voilà ce que j'ai réalisé et ce que j'ai envie de te partager... Je te souhaite de la paix, de l'amour et du bonheur dans ton cœur. Bénis la vie à chaque fois que tu reviens vers toi, telle est la voie.

-32-

En nous élevant au-dessus de notre existence, en prenant de la hauteur sur la souffrance et la douleur de notre quotidien, nous réaliserons que tout a sa raison d'être… que tout est parfait selon notre plan de vie. L'expérience, c'est la connaissance! Si tu ne peux changer le cours des événements, tu peux toujours faire tout ton possible pour éveiller cette force qui sommeille en toi afin d'accepter ce qui est et de continuer d'avancer malgré tout. Tout est une question de perception, tu es le maître de ton bonheur… Retrouve ton pouvoir intérieur et rallume en toi la flamme de l'espérance au sein de ton existence!

Quand rien ne va plus, laisse passer le temps, laisse tomber les poussières… parfois, il n'y a rien de mieux à faire pour réaliser que tout a sa raison d'être. Car sans la noirceur, la lumière n'existe pas; sans le froid, la chaleur n'existe pas! Nous devons expérimenter ce que nous ne sommes pas pour mieux reconnaître qui nous sommes réellement.

-33-

La vie est précieuse; elle peut te quitter en un instant, sans que tu t'y attendes... Alors, pourquoi continuer de te tracasser, de te faire continuellement du mauvais sang? La sérénité ne peut s'installer dans un esprit tourmenté par le poids du quotidien. Si tu veux redécouvrir la véritable liberté, tu devras te réconcilier avec ta vérité intérieure. Le sens de ton existence se trouve souvent au-delà de tout ce que tu peux imaginer...

Les grandes vérités que dévoilent cette réalité ne peuvent être ressenties que par celui qui sait s'abandonner tout entier à sa destinée. Alors, ne perds plus de temps, apprécie pleinement chaque instant qui t'est accordé sur cette Terre!

-34-

La véritable force, c'est celle de se voir tels que nous sommes réellement, sans jugement. Le plus grand courage, c'est d'oser regarder la vie droit dans les yeux en continuant d'avancer malgré toutes les peurs qui nous rongent le cœur!

À chaque nouveau jour qui se lève, écoute cette petite voix en toi, celle qui te guide vers ta plus grande aventure, celle de ta vie!

Car tout commence par soi Le moment le plus important de ta vie, c'est maintenant. Le meilleur endroit pour prendre refuge reste ton cœur. Alors, entretiens ton temple intérieur par ta présence d'esprit.

Le présent est ta demeure, tu es la voie...

Glisse-toi en toi, l'espace d'un instant, afin de goûter à l'éternité.

Repose-toi en toi, l'espace d'une vie, afin d'atteindre l'infini...

-35-

La peur te visitera constamment au cours de ton existence. C'est une réaction biologique normale qui peut te permettre de survivre en cas de danger. Tu ne peux la nier ou la refouler, alors apprends à l'apprivoiser afin qu'elle devienne en quelque sorte une amie...

La peur t'invite à être plus vigilant et te pousse à chercher au plus profond de ton cœur cette lueur qui chasse toute noirceur : le courage!

Être courageux, c'est choisir de ne plus subir pour mieux créer ton devenir en apprenant à utiliser tes forces comme tes faiblesses. Malgré tout, fais toujours de ton mieux, en gardant une confiance absolue en ton pouvoir intérieur...

-36-

Pourquoi toujours attendre de recevoir avant de commencer à donner? Apprends à offrir ton sourire à tous ceux et celles qui croisent ton chemin, ça fait du bien et ça ne coûte rien...

Les relations que tu entretiens au sein de ta vie peuvent se comparer à une grande terre fertile qu'il te faut apprendre à cultiver du mieux que tu peux. Les récoltes ne seront abondantes que si tu donnes, sans rien attendre en retour, pour le simple plaisir de travailler la terre du don de soi.

La vie t'offre constamment de bons outils afin de t'améliorer. Ne crains pas de donner de ton temps, de partager, de communiquer et d'être là pour ton entourage, car on récolte toujours ce que l'on sème...

-37-

Car là réside la vérité, d'un pur amour, ton cœur est assoiffé. De jour en jour, il ne cherche qu'à s'en imprégner...

Aimer avec un cœur sincère n'est pas chose aisée, mais il faut accepter de se battre pour y arriver, car une fois que tu as trouvé l'amour, peu de choses pourront égaler sa beauté.

L'amour est tout, c'est ta véritable nature, c'est ce qui restera après la mort de ton corps! C'est ce que tu es au-delà de ta personnalité, qui n'est qu'un rôle temporaire dans la grande pièce de théâtre de la vie.

Le véritable amour va bien au-delà de la simple attirance physique et de la passion... Apprends à aimer de cœur à cœur, d'âme à âme et non plus seulement de corps à corps.

-38-

Vous toutes, les mamans de ce monde, vous êtes de merveilleuses créatures; vous êtes un miracle de la nature... Lorsque l'homme et la femme s'unissent par un pur amour sincère, rien n'est impossible.

Vous avez l'un des plus grands pouvoirs, celui de donner la vie. Vous portez en vous toute la magie de l'Univers.

Vous êtes l'éternelle quête de nous les hommes; l'une des plus belles, car vous êtes une partie de ce que nous sommes et nous constituons une partie de ce que vous êtes... Telle une fleur, lorsque vous ouvrez votre cœur, malgré votre fragilité, c'est toute votre beauté qui rayonne alors. Si même le soleil s'en émerveille, imaginez l'effet que vous produisez quand vous portez en vous un petit bébé... on ne peut que vous admirer. Merci à vous les femmes de nous offrir la Vie!

-39-

Qu'est-ce que la véritable beauté ? La beauté, c'est l'harmonie du corps et de l'esprit, une sorte d'enchantement qui prend sa force au-dedans; c'est le rayonnement de notre soleil intérieur, celui qui illumine tout notre être.

Toute beauté extérieure est éphémère, car elle finit toujours par se faner... mais tout ce qui émane d'un cœur pur et sincère ne sait que vivre éternellement.

Parfois, un seul regard peut nous séduire. Par sa pureté, il nous enchante facilement.

Les yeux sont une fenêtre ouverte sur l'âme et lorsqu'ils sont consumés par le feu de la passion, ils brilleront et chasseront de leurs belles étincelles, toute noirceur...

-40-

Vieillir, c'est grandir au-dedans, comme au-dehors..., c'est se redécouvrir, c'est redécouvrir la vie, mais c'est aussi ouvrir son cœur et son esprit à la magie, à l'amour...

Malheureusement, c'est souvent lorsque l'on commence à vieillir que l'on prend réellement conscience de la fragilité de notre existence, de toute l'importance des vraies valeurs et du véritable bonheur. Que tous les biens accumulés ne sont qu'illusion, car toute possession n'est qu'éphémère sur cette Terre... nous sommes nés nus et nous repartirons ainsi!

Vieillir, c'est une chance à saisir, c'est l'occasion de recommencer à vivre pleinement en savourant chaque instant avant de repartir. C'est aussi de retrouver son petit cœur d'enfant pour mieux sourire à la vie, malgré tous nos soucis.

-41-

Quoi de plus magnifique que de respirer à plein poumon l'air pur de la montagne, de sentir la caresse du vent ébouriffer ses cheveux, de contempler toute la beauté de la vie qui s'exprime au travers d'une simple fleur, et de se laisser bercer par la douce mélodie du chant d'un oiseau...

Vivre en harmonie avec la nature, c'est tâter le pouls de la vie, c'est ralentir la cadence pour mieux réfléchir sur notre devenir. La Terre t'offre, jour après jour, par amour, tout ce dont tu as besoin. Le paradis n'est pas un endroit éloigné où il te faut aller, mais bien un état d'être qu'il te faut cultiver. Il est en toi et tout autour de toi.

Sois présent à ton environnement. Aime et respecte toute forme de vie.

-42-

Peut-on encore vivre autrement, en harmonie avec les autres êtres vivants, avec notre environnement, en reconnaissant que nous sommes tous les enfants de la Terre?

Malgré tous mes efforts pour mieux saisir notre existence, la vie m'est toujours aussi mystérieuse... Pourquoi autant de souffrances, de mensonges, de violence?

Je sais qu'il n'y a rien à comprendre, mais je reste encore trop souvent confus, comme un peu sur le cul, face à tout ce chaos qui règne parfois en nous et tout autour de nous.

Sur la Terre, tout est éphémère, et peut-être que c'est simplement impossible de saisir l'insaisissable. Parfois, je pleure, parfois je ris, parfois je meurs, parfois je revis... j'ai compris que rien ne sera facile et pourtant si on y met tout son cœur, tant de choses seront possibles!

N'attendons plus que le monde change, ne reportons pas les fautes sur l'un ou sur l'autre; mais nous, soyons le changement, apprenons à aimer comme nous aimerions être aimés... L'amour tout court, et de toute forme de vie, c'est ma thérapie.

-43-

La Terre est un être vivant, une mère remplie d'amour qui nous a donné la vie et nous nourrit malgré tout ce que nous lui faisons subir...

Merci à toi Terre Mère, Terre nourricière, pour tous ces beaux paysages que tu nous offres, ces couchers de soleil, cette pluie fine d'été, cette brise fraîche qui caresse notre peau lors des chaudes journées, pour tous ces merveilleux arômes qui parfument notre quotidien et nous font sentir plus près de toi. Ma Mère, je garde un souvenir de toi pour chacun de mes sens. Merci pour la vie que tu m'offres ici, en ton sein.

Je te demande humblement pardon, car j'ai honte pour toutes les choses que nous te faisons subir en retour de ton hospitalité. Puisse l'avenir nous réunir, nous tes enfants, à nouveau auprès de toi, dans le respect, l'harmonie et le bonheur. Je suis un enfant de la terre et je ne suis bien qu'auprès de toi, ma Mère...

-44-

Jour après jour, continue de faire de ton mieux pour offrir au monde ce qu'il y a de meilleur en toi, afin que peu à peu, le monde voit ce qu'il y a de meilleur en lui aussi, telle est ta vie, telle est ta voie...

Osons devenir les créateurs d'un Nouveau Monde qui sera bâti sur de vraies valeurs et osons vivre enfin à notre image. Car voilà que le barrage de l'ignorance et de la peur ne peut plus retenir les effluves du réveil de l'humanité et du courage qui grandit en elle...

Le ruisseau devient rivière et la rivière un puissant torrent qui effacera tout ce qui ne convient plus pour créer un courant de renouveau. Une Terre où, enfin, il fait bon vivre, où finalement l'on peut se permettre d'être ce que l'on est réellement en tant qu'être humain, en tant que fils et filles de la Terre.

-45-

Le véritable bonheur vient de l'intérieur : il émane de ton cœur. Ne cherche plus à l'extérieur, dans ce que tu possèdes, ou dans ce que les autres pensent de toi. Sois un être libre, intègre et fier du cheminement que tu as accompli jusqu'ici. Tu es ce que tu es... un être unique! Que les autres aiment ou n'aiment pas, cela ne t'appartient pas.

Ta vie et ta voie ne regardent personne d'autre que toi... En revanche, s'ils souhaitent cheminer à tes côtés et te respecter, sois-en comblé, car c'est ensemble que nous découvrirons le bonheur de partager nos ressemblances comme nos différences.

-46-

Plonge ton regard dans les yeux d'un enfant et tu comprendras enfin toute la magie de la vie...

Par son innocence, sa simplicité et sa jovialité, il sait conquérir le cœur de tous. Son seul sourire réveille en nous un pur amour.

Plonge maintenant ton regard dans les yeux d'un vieux sage. Si tu es attentif, tu retrouveras, au creux de ses yeux, la même étincelle de vie qui brille dans ceux de l'enfant au cœur pur. Nourris-toi de la sagesse qui rayonne de cet être.

Nous avons tous en nous cet enfant et ce sage intérieur qui, trop souvent, sont négligés. Pour goûter au véritable bonheur, redonnons-leur toute l'attention dont ils ont besoin pour qu'ils puissent vivre et s'épanouir en nous...

-47-

C'est toujours plus facile de regarder la vie des autres et de juger au lieu de se regarder soi-même franchement et ouvertement...

Laisse le monde être ce qu'il est et toi, n'attends plus, deviens ce que tu souhaites être!

Ce qui démarque ceux qui réalisent leurs rêves de ceux qui continuent de rêver, c'est la puissance de la détermination qui habite leur cœur! Même si la force d'avancer de certains fait la jalousie des autres, toi, continue toujours à marcher sur ton chemin, crois en toi et en tes rêves les plus fous, car ton destin t'appartient.

Ose vivre pleinement avant que le temps ne te file entre les doigts... La vie, ta vie, se doit d'être la plus belle et la plus grande aventure qu'il t'est possible d'imaginer!

-48-

Que ce soit pour les grandes religions ou simplement pour avoir raison, comment pouvons-nous encore penser que nous devons tous suivre le même chemin, la même voie?

Regardez les rivières, les ruisseaux, ils ne coulent pas tous au même endroit ni de la même façon, et pourtant, ils se déversent tous dans l'océan et puis reprennent aussi leur source dans celui-ci...

Chaque goutte d'eau qui le compose est unique, et pourtant forme un tout.

Ne perds plus de temps à tenter de convaincre les autres que tu as raison, que ta façon de penser est la meilleure, mais continue ton chemin vers ton propre bonheur, tout en le partageant inconditionnellement si cela t'est possible...

-49-

Tout va trop vite et tu te sens dépassé par les événements? Tout semble t'échapper et tu ne te sens plus maître ni de ton temps ni de ta vie? Arrête-toi et prends une pause. Reprends les commandes de ton navire... Sois pleinement présent au monde intérieur, à ce que tu ressens, et au monde extérieur, à ton environnement.

Inspire lentement et profondément. Imprègne-toi de tout ce qui est beau et rayonnant.

Expire doucement, tout en laissant aller tous tes ressentiments, tes résistances, tout ce qui ne te correspond plus. Ici et maintenant, sois pleinement attentif à ce qui se passe au-dedans comme au-dehors. Tu es totalement conscient du moment présent. Tu as retrouvé ta liberté!

-50-

Dis-moi de quelle manière tu perçois ta vie et je te dirai qui tu seras... Oui, c'est une grande vérité, tes paroles, tes actes, tes sentiments, mais surtout tes pensées sont de puissants outils de création.

Chacune de tes pensées façonne une grande partie de ta réalité, même si la majorité du temps, ces pensées sont inconscientes.

Tu es l'artisan de ton bonheur. Ta vie est à l'image d'un tableau posé sur son chevalet, d'un plancher de danse, de la scène d'un théâtre, d'un morceau de bois brut prêt à être sculpté, d'un instrument de musique ou d'une page blanche qui attend patiemment qu'une plume la caresse afin de lui révéler toutes les possibilités de l'existence...

Tu es l'artisan de ta vie, c'est à toi de mettre l'effort pour la modeler selon tes plus grandes aspirations.

-51-

Nous pouvons tous être de meilleures personnes... Malgré toute la méchanceté qui semble habiter l'humanité, gardons espoir au potentiel intérieur qui sommeille dans chaque être humain. Même si la noirceur a envahi certains cœurs, une petite lueur s'allumera un jour avec un peu d'amour!

Ce sur quoi tu portes ton attention se développera. Alors pour que le monde change enfin, apprécie tes petits bonheurs quotidiens. Mets en valeur les qualités et les forces de chacun. Encourage ceux et celles qui ont de la difficulté à avancer... s'il le faut, tends-leur aussi la main!

La plus belle façon d'enseigner, c'est par tes actions. Apprends à faire de ton quotidien une occasion de faire le bien en toi et tout autour de toi.

-52-

Aujourd'hui, reprends ta vie en main, aie encore foi au lendemain... Aujourd'hui, souris malgré tous tes soucis...

Aujourd'hui, éloigne-toi des personnes qui t'ont fait souffrir, et rapproche-toi de ceux qui te font rire...

Aujourd'hui, choisis-toi, avant tout; il est temps de te guérir...

Personne ne devrait te faire pleurer; tu ne mérites pas cela...

Sèche tes pleurs, avec ardeur, affronte tes peurs, et libère-toi de ta douleur, car dans la noirceur règne toujours une lueur...

Tes larmes ne couleront plus inutilement, tu en as assez eues, pour toi, pour lui, pour des choses difficiles qui maintenant sont rendues inutiles...

-53-

Tu te demandes encore comment arriver à cet état de plénitude et de sérénité intérieure. Le véritable bonheur ne peut rayonner que dans le cœur de celui qui sait s'écouter...

Quoi qu'il arrive, suis toujours la voie de ton cœur... Et même si ce n'est pas facile, crois en toi, crois en la vie, crois en demain, crois en chaque chose que tu fais. Écoute cette petite voix en toi, celle de ton intuition. La raison de ta présence sur cette Terre est gravée au creux de ton âme, personne d'autre que toi ne peut te révéler ce secret bien gardé...

Pense et agis constamment avec ton cœur d'enfant... À quoi l'enfant en toi rêve le plus? Et quel est son but sur cette terre? Concentre-toi là-dessus, fais-en ton but ultime, ta force, un pas à la fois. N'hésite plus et fonce dans ta vie.

-54-

Nous avons tous en nous le bien et le mal, ce que nous sommes et ce que nous ne sommes pas... Quelle partie de ton être vas-tu nourrir aujourd'hui? Car au travers de chacune de tes pensées, de tes paroles et de tes actions, tu construis, pierre par pierre, ta personnalité.

C'est la loi du libre arbitre. Le Créateur nous a tous légué la liberté, celle de choisir ou de subir. Travailler dans la lumière, ou errer dans la pénombre... Tu peux toujours t'améliorer et devenir une meilleure personne.

Tu deviendras ce que tu cherches à être, lorsque tu arrêteras de douter de tes capacités et des possibilités qui sommeillent en toi. Crois en toi, tu es plus fort que tu ne le penses.

-55-

Aime pleinement, aime tout simplement pour le simple plaisir de la chose, en te laissant aller... Pour ne plus penser, pour mieux te retrouver, pour tenter de te délivrer de toutes ces souffrances accumulées, aime-toi, avant tout autre chose. Puis apprends à aimer aussi ceux et celles qui croiseront ton chemin, pour le simple plaisir de partager un peu de ce qui t'a été donné. Aime sans retenue, sans condition, car c'est ta plus grande force. C'est en quelque sorte, ce que tu as toujours recherché, aimer et être aimé...

L'amour, toujours l'amour... oui, seulement l'amour peut te transporter vers le cœur même de ton être! Vis dans l'amour au jour le jour, pour que tout te soit moins lourd. Pour redevenir qui tu es réellement...

-56-

Perdre un être cher est une épreuve difficile... Le temps passe, on n'oublie pas, mais on devient plus fort et plus reconnaissant face à chaque petit moment passé avec ceux qu'on aime. La vie donne, la vie reprend, c'est le cycle éternel de l'expérience terrestre. La vie, la mort, tout s'imbrique, il n'y a pas de fin, juste un changement de forme...

À tout moment, tu peux changer ta façon de percevoir la vie, lorsque tu réalises à quel point elle est fragile et éphémère, en osant faire un pas vers toi, puis vers les autres.

Pour le temps qu'il te reste sur la Terre, sois un phare de lumière pour tous ceux et celles qui se croient encore condamnés à vivre dans le noir...

-57-

À l'image d'un peintre et de son œuvre d'art, notre corps peut se mouvoir sur une piste de danse comme le fait un pinceau sur un tableau et la musique, avec toute sa diversité d'humeur, nous offre une multitude de couleurs avec laquelle nous pouvons nous amuser.

Quand tu as le cœur gros, quand plus rien ne semble aller, arrête tout, et danse, danse ta vie... Quand un immense bonheur habite ton cœur, mais que tu crains que la noirceur chasse à nouveau cette lueur, alors danse, danse sans plus réfléchir. Danse et apprécie chacun de tes mouvements, car tu es vivant! L'important n'est pas de savoir danser, mais simplement de te laisser aller au rythme envoûtant de la musique, en laissant de côté tous tes tracas quotidiens, pour que ton corps devienne l'instrument qui te permet d'exprimer qui tu es vraiment.

-58-

Pourquoi attendre la retraite, l'argent nécessaire, ou le bon moment, avant de commencer à penser à soi et à ses rêves... quand la maladie, un accident, la mort, ou le désespoir peut nous surprendre à tout moment...?

Pour être heureux, tu n'as pas besoin d'être la personne la plus intéressante ou la plus riche, d'avoir la plus belle maison ou la plus belle auto!

La plus grande richesse est celle du cœur, celle du don de soi, car l'autre est aussi une partie de toi. Le bonheur peut être si simple..., il n'est réel que s'il est partagé. Donne sans jamais rien attendre en retour.

La vie est courte et si fragile! Souhaites-tu vivre une existence pleine et heureuse, basée sur le partage et les vraies valeurs ou préfères-tu une vie vide de sens, basée sur des concepts et des croyances qui ne sont pas les tiennes?

-59-

Pour redécouvrir la liberté, il faut d'abord se réconcilier avec sa vérité intérieure. Le temps est venu de prendre conscience que le bonheur que tu as tant cherché à l'extérieur a toujours été au centre de ton cœur. La vie est une merveilleuse occasion de te découvrir et de te définir...

Il est temps de te redonner à toi-même, de commencer à travailler la terre de ton jardin intérieur et de faire de ton quotidien une œuvre que tu écriras à chaque instant.

Aujourd'hui, choisis de commencer à vivre ta vie, comme tu l'as toujours rêvée en écoutant la voix de ton cœur, celle de ton intuition... Aujourd'hui, danse et chante sans aucune raison et réjouis-toi du simple fait d'être en vie, d'être qui tu es, un être unique au monde!

-60-

Il y a un temps pour méditer, pour penser, pour parler et un autre pour se lever, puis agir, pour ne plus subir, mais créer notre destinée.

Réapprends à penser à toi, à te donner du temps, de l'amour, du respect et surtout garde toujours espoir... Personne ne peut t'aider à avancer et à cheminer, si tu n'es pas prêt à cela. Personne d'autre que toi ne peut marcher le chemin de ta vie.

Qui étais-tu étant enfant, quels étaient tes rêves? Retourne en arrière ou simplement dans ton cœur et réconcilie-toi avec ton enfant intérieur.

Agis, pense et parle comme si tu es déjà ce que tu cherches à être, car ce sur quoi tu portes ton attention se développe!

Le bonheur peut être si simple. Tu as déjà plus que beaucoup n'auront jamais dans leur vie...

-61-

Je ne suis pas celui que tu crois, celui que tu idéalises, je suis ce que je suis et je fais seulement de mon mieux pour suivre la voix de mon intuition, la voie que mon cœur me dicte... La vie n'est jamais facile, pourtant tant de choses sont possibles. Lorsqu'il t'arrive de douter, de te remettre en question, de pleurer, relève tes manches et continue ta route malgré tout.

Évite de regarder seulement ce que tu n'as pas, ou ce que les autres font ou ne font pas... Cesse de reporter sur les autres ce qui te manque. Fonce, ose te bâtir tel que tu te conçois réellement.

Tourne ton regard vers l'intérieur et trouve le maître en toi, tu es déjà ce que tu cherches à être...

-62-

Il arrive un temps où l'on réalise à quel point la vie est courte et fragile. Le temps nous échappe si rapidement , il n'y a plus de place pour les futilités. Recherche le vrai bonheur, celui qui se trouve dans ton cœur et qui peut rayonner vers le monde extérieur.

Trouve un idéal supérieur, celui qui t'incitera à te surpasser, à créer en toi un mouvement d'ascension.

Réfléchis sur tes convictions profondes...

Que veux-tu réellement dans cette vie, sur cette terre?

Garde toujours à l'esprit que ton enveloppe charnelle n'est que temporelle, ainsi que tous les biens que tu acquerras au cours de ton parcours.

Fais un petit pas de plus vers toi et mets enfin une priorité aux choses essentielles.

-63-

La conscience te libérera...; être conscient, c'est devenir maître à bord de notre véhicule, enlever le pilote automatique, qui est en majorité composé par les conditionnements sociaux et reprendre le pilotage manuel de notre être, tel un avion.

Comment? En observant attentivement ce que nous sommes, à chaque instant de notre vie, dans chaque respiration, mouvement, situation!

Quel est le meilleur outil pour y arriver? La respiration est comme une ancre qui nous retient dans le présent. Inspirer et expirer avec toute votre présence d'esprit. Rappelez-vous, installez d'abord la conscience dans votre vie, et ensuite, elle s'étendra peu à peu aux autres sphères de celle-ci. Respirer consciemment, ici et maintenant, peu importe, ce qui se passe au dehors, peu importe ce qui arrive à l'extérieur, demeurer en état de sérénité, de contemplation attentive dans votre temple charnel... nulle part à aller pour vous recueillir, vous êtes déjà dans un merveilleux temple!

-64-

Que ce soit en amour ou en amitié, chaque personne qui est dans notre vie devrait y être pour des raisons positives : nous accompagner pour un bout de chemin, nous guider, nous respecter, partager, s'amuser... la vie est trop courte pour être triste, pour se rabaisser ou pour juger!

L'amour n'est pas seulement une relation, c'est aussi une façon d'être.

Je ne me contente plus d'aimer ceci ou cela, je deviens amour et cet amour déborde de mon cœur conscient.

Qu'y a-t-il de plus beau, de plus puissant, de plus profond qu'un amour pur et sincère, inconditionnel ? Un amour qui nous transporte vers les hautes sphères de notre âme, vers la vérité de notre être, vers la quintessence de la liberté intérieure.

-65-

Chacun doit suivre sa voie, le chemin qui le mènera vers sa vérité, vers sa lumière... Mais le monde et les temps changent, alors ce qui était bon pour toi autrefois, n'est plus nécessairement ce qui l'est aujourd'hui.

Quand tu te sens perdu et égaré, apprends à écouter ton intuition, c'est ton phare dans la tempête.

Il faut beaucoup de courage et de force intérieure pour faire confiance à ce que te dicte ton cœur. Alors, afin de réaliser ton plan de vie, crois en toi! Tout est dans ta façon de percevoir et d'interpréter tes expériences quotidiennes. Si elles se présentent à toi, c'est que tu es capable de les vivre et encore plus, de grandir à travers celles-ci. Pour mieux avancer, demande-toi toujours : qu'est-ce que je peux comprendre et apprendre à travers chaque difficulté rencontrée?

-66-

Quand rien ne va plus, reviens dans l'instant présent à l'aide d'une respiration consciente... Inspire et accepte la vie telle qu'elle se présente à toi, expire et relâche en toi toutes les tensions... Avec tout ton amour, embrasse tes jours afin qu'ils soient moins lourds!

-67-

Le Créateur a placé à l'intérieur de chaque cœur une sorte de coffre, où est dissimulée toute la vérité sur ce que nous sommes réellement et sur notre chemin de vie...

Personne ne peut te révéler les murmures de ton cœur ni ouvrir ce trésor qui est enfoui au centre de ton être. Toi seul possède cette clé pour libérer en toi la vérité.

Le monde extérieur peut t'offrir certains outils qui t'aideront à comprendre le fonctionnement de cette serrure, mais jamais personne ne l'ouvrira pour toi. Si tu te sens perdu, demande à l'Univers d'éclairer ton chemin, puis lâche prise, écoute et observe attentivement ton intuition et les signes qui se présenteront dans ton quotidien...

-68-

Même si cela nous touche et parfois nous blesse, il est primordial de réaliser qu'il y aura toujours des gens pour parler des autres, évitant ainsi de parler d'eux-mêmes, de se regarder pour s'améliorer...

L'important, c'est de garder la tête haute, car toi seul sais ce que tu vaux, ce que tu es réellement.

Continue de faire de ton mieux et d'avancer pas à pas dans cette vie, sans te préoccuper des médisances.

Dis-toi que l'on récolte toujours ce que l'on sème. À tous ces gens, envoie-leur de la compassion. Il y a tant à faire au lieu de juger son voisin...

-69-

La vie est précieuse et fragile. Chaque instant est important, car un peu comme un voyage, tu es venu sur cette terre et tu en repartiras. Entre les deux, vis pleinement, comme si c'était ton dernier jour!

Sois simplement toi, en dehors de tout concept élaboré par la pensée, en dehors de tout idéal social, sois à l'image de cette vie infinie...

L'argent, le pouvoir et la célébrité ne sont pas les plus grandes richesses sur cette terre, mais bien la santé et la bonté.

Peu importe ce qui se passe à l'extérieur de toi, l'important, c'est qu'à l'intérieur même de ton cœur, la lumière et l'amour demeurent...

-70-

Toute chose a sa raison d'être. Sans le noir, tu ne pourrais connaître la lumière, sans le froid, tu n'apprécierais pas la chaleur... sans le vent, les arbres n'auraient pas un tronc aussi solide. Sans les épreuves et les difficultés, tu ne serais pas qui tu es aujourd'hui.

Tu ne peux éviter la souffrance, car elle fait partie intégrante de la vie. Cependant, tu peux changer ta façon de la percevoir. Lorsque plus rien ne va, demande à une puissance supérieure de t'aider à accepter et même à grandir au travers de ces expériences difficiles...

Apprends à faire face à ta souffrance, regarde-la dans les yeux, apprivoise-la, deviens un avec elle et tu la verras diminuer en intensité, et toi, tu seras renforcé par la vie.

-71-

Suivre son cœur, être à l'écoute de son intuition c'est possible lorsque nous laissons de côté nos peurs et jugements...

Suis ta voie, suis cette petite voix qui hurle en toi et qui trop souvent reste sans attention.

Prends le temps de t'écouter et de respecter tes sentiments, car de nombreuses réponses se trouvent déjà dans le silence de ton cœur.

Te redonner à toi-même, voilà le plus beau cadeau que tu peux te faire.

Ta vie se doit d'être vécue à fond, dans chaque petit instant, parce que tu ne sais jamais quand elle s'arrêtera sous la forme que tu la connais...

-72-

Avec le temps qui passe, te laisses-tu prendre racine? Tes journées sont-elles devenues une simple routine? Crois-tu avoir perdu l'élan qui te pousse à vivre pleinement?

Quand tu t'ennuies, pense qu'un jour viendra où tout sera fini. Tu te réveilleras un matin et tu réaliseras à quel point ta vie est passée rapidement sans vraiment l'apprécier, laissant de côté tes rêves et oubliant qui tu es réellement. Chaque instant est précieux et ne se reproduira jamais, alors vis ta vie à fond!

C'est formidable de se sentir revivre, de réaliser ses rêves, d'oser simplement. Rallume la flamme de ton cœur, celle qui te donne l'ardeur d'être un vivant...

-73-

La douleur, celle qui accable souvent notre cœur à la suite d'une dure épreuve sera toujours présente dans notre vie. Face à cela, que peut-on faire pour retrouver la joie de vivre?

Commence par réaliser que tu ne peux changer le monde. En revanche, toi tu peux grandir, t'ouvrir et te transformer pour mieux rayonner sur celui-ci. Tout commence en soi et par soi!

La délivrance de ta souffrance se trouve dans ta façon de te percevoir et de percevoir l'existence. Tu es beaucoup plus fort que tu ne le crois. Ton pouvoir ne se trouve pas dans tes muscles, mais dans ta capacité à t'adapter et à continuer d'avancer malgré tout. Toutes les expériences que tu vis, tu es capable de les vivre, voire même de t'épanouir au travers de celles-ci.

Demande-toi toujours qu'est-ce que tu peux comprendre et apprendre à travers tout cela... Quel est le cadeau de la vie qui t'est offert pour cheminer?

-74-

L'être éveillé partage librement ses sentiments, avec respect et honnêteté. Il est intègre, humble et franc dans ce qu'il est!

Même ta colère peut être vécue, ressentie et partagée sainement, comme toutes les autres émotions ; tout est dans la manière de t'exprimer.

Quand l'orage gronde en toi, prends le temps de respirer jusqu'à ce qu'elle s'apaise puis cherche ce qui est à l'origine de cette agitation intérieure.

L'important, c'est de ne plus refouler ce qui te brûle de l'intérieur, car autrement, le danger d'exploser comme un volcan reste omniprésent.

Une seule petite étincelle peut enflammer une émotion refoulée. Alors, choisis de vivre et d'exprimer sainement tes émotions...

-75-

Un animal n'est pas seulement une bête, mais avant tout un être aimant qui demande aussi à être aimé. Tu peux toujours apprendre quelque chose du monde animal. Garde ton esprit et ton cœur ouverts en leur compagnie, alors tu pourras mieux comprendre certains secrets de la vie et même renouer avec la simplicité.

Pour les comprendre, il te faudra être capable de les observer sans les juger. Les animaux ne sont pas des races inférieures. Ils font aussi partie de notre famille, car ils sont eux aussi les enfants de la Terre. Ce sont des êtres sensibles, possédant un grand cœur rempli d'amour, alors, prenons soin d'eux comme ils savent si bien le faire avec nous.

-76-

Nous ne sommes pas les rois de la Terre et les maîtres incontestés des êtres qu'elle abrite. Nous sommes en quelque sorte des gardiens et notre mission est de prendre soin de la création...

La nature t'invite à te recueillir et à renouer avec le sens sacré de ta vie. Elle t'aide à découvrir qui tu es réellement ainsi qu'à réaliser certaines grandes vérités qui ont été dissimulées dans la simplicité des petites choses.

Le paradis n'est pas un lieu mystique et lointain. Il est en toi et tout autour de toi; peu importe qui tu es et ce que tu vis, tu peux apprendre à communier avec la vie et à vivre en harmonie avec la nature. Comme le soleil, elle peut t'enseigner à rayonner d'amour sur ton entourage. Alors, aime et respecte toutes créatures, car nous sommes tous unis les uns aux autres. Nous sommes une belle et grande famille, nous sommes les enfants de la Terre...

-77-

Devenir l'être que tu as toujours voulu être et choisir de vivre la vie dont tu as longtemps rêvé n'est pas chose aisée... Pour y arriver, il faut affronter constamment le regard et le jugement des gens. Ce n'est pas facile, mais c'est possible. Relève tes manches et trace ton propre chemin.

Prends en main ton destin!

Lorsque tu te sentiras perdu dans ce monde au mode de vie effréné, arrête-toi un instant et écoute le murmure de ton cœur , lui seul connaît le chemin vers ton bonheur. Ne doute plus sur le meilleur choix, écoute cette petite voix en toi.

Tout est possible si tu réalises ta légende personnelle, si tu oses emprunter le chemin qui t'est destiné, si tu suis enfin ta voie... Apprends à prendre du temps pour toi! C'est le secret d'une vie longue et heureuse, mais c'est aussi une nécessité pour devenir un être équilibré.

-78-

Qu'est-ce que le véritable amour? Est-ce de retenir ou de laisser partir? Savoir aimer, c'est aussi accepter de souffrir de voir une personne dans les bras d'une autre. C'est d'accepter les choses telles qu'elles sont, sans plus résister. C'est d'être capable de me réjouir, en sachant que l'être aimé est plus heureux ainsi...

Aimer, c'est ce qui me rendra plus léger.

Si je m'abandonne totalement à l'amour, sans crainte ni attente, je me sentirai pousser des ailes. Je me permets d'aimer et d'être aimé...

L'amour est ma délivrance, ma consolation. Jusqu'à mon dernier souffle, je me fais un devoir de le répandre en moi et tout autour de moi!

Je m'aime, j'aime ma vie, j'apprécie ce que je suis, et je remercie pour tout ce que m'offre, jour après jour, la vie.

-79-

Pris au cœur de notre romance, il est parfois difficile d'oser devenir l'auteur de notre existence. L'inconnu est terrifiant, mais il faut pourtant l'affronter pour retrouver ta liberté! Libère-toi des peurs qui t'enferment dans ta prison intérieure... Ainsi, tu pourras réécrire ton histoire et recommencer à vivre pleinement cette fabuleuse aventure qu'est la vie.

Chaque nouveau jour formule clairement à l'Univers, avec un cœur sincère, qui tu souhaites être vraiment, là maintenant, dans ta vie. Puis, écoute le murmure de ton cœur, il te guidera vers ta voie. Sois prêt et disponible à agir quand le temps sera venu... et surtout, continue d'avancer malgré toutes les difficultés qui se présenteront ensuite sur ta route. Tu es le chemin, le bonheur est là à t'attendre, il vient du cœur.

-80-

Tu ne peux pas goûter à la liberté si tu restes constamment attaché à ton passé ainsi qu'aux gens qui t'ont blessé. Continuer à entretenir par le ressentiment toute cette souffrance intérieure, c'est accepter de t'enchaîner volontairement à un boulet tout en tentant désespérément d'avancer. Pardonner, c'est accepter de recommencer à exister, c'est ouvrir à nouveau tes ailes pour retrouver l'immensité du ciel!

Pardonner ne veut pas nécessairement dire que tu es en accord avec ceux ou ce qui t'a blessé, mais que tu choisis de te libérer consciemment de toute rancune, de tout ressentiment, en comprenant que ce n'est qu'à toi-même que tu causes du tort en entretenant ces émotions lourdes...

-81-

Le bonheur est un choix conscient, c'est un état d'être. Le regard que tu portes sur le monde qui t'entoure transformera ta réalité. Malgré tes soucis, regarde la vie dans les yeux et souris. Apprends à voir le monde avec les yeux d'un enfant. Le bonheur n'est pas une question de chance, mais une occasion à saisir, un choix à renouveler quotidiennement. Le paradis, il est déjà ici, en nous et tout autour de nous. Cesse de le chercher et commence plutôt à cultiver ton jardin intérieur...; le bonheur vient avant tout de ton cœur et non seulement de choses extérieures.

Peu importe ce qui arrivera dans ta vie, l'important est de garder le sourire et de continuer à t'amuser comme le font les enfants.

Rien ne sera facile et pourtant tant de choses sont possibles si tu fais toujours de ton mieux!

-82-

Chaque chose arrive au bon moment. Parfois, il est temps d'agir et d'autres fois, il vaut mieux observer et se reposer. Même si ce n'est pas facile, sois heureux et reconnaissant envers la magie de la vie qui opère à chaque instant. Tout arrive à point à qui sait attendre. Et si cela n'arrive pas, c'est que le temps n'est pas encore venu ou parce que ce n'est tout simplement pas pour toi. Lâche prise et continue ta route. Écoute les signes que l'Univers t'envoie. Crois en toi et en tes rêves, c'est la base pour mettre en œuvre ton plan de vie. Rien ne sera facile sur ce chemin et pourtant tant de choses seront possibles... Un jour à la fois, fais un autre pas pour toi, et laisse opérer les forces de la vie.

-83-

La liberté intérieure est l'une des plus grandes forces que tu peux cultiver au cours de ton existence. Être libre commence en toi et par toi..., personne ne peut te donner cette liberté sinon toi-même. Il suffit d'apprendre à te connaître pour savoir ce que tu veux vraiment. Ensuite, il faut te lever et agir pour devenir qui tu es, et ainsi construire ton avenir. La liberté est un état d'être qu'il te faut cultiver jour après jour, instant par instant. Tout ce que tu cherches, dans le monde extérieur, se trouve déjà au centre de ton cœur. Il suffit parfois de réorienter le sens de ta quête existentielle. Ne cherche pas un sens à ta vie, donne à ta vie un sens! Tu es libre de choisir... La liberté intérieure, c'est ce que je te souhaite.

-84-

Les amours passent, mais les amitiés restent; malgré les épreuves, malgré les souffrances, la vie continue, l'amour aussi s'il se transforme en une force inépuisable. L'amour, ce n'est pas seulement le désir et l'attachement pour une seule personne, c'est aussi de savoir prendre soin de toi et de ceux qui resteront dans ta vie, comme ta famille et tes amis, en évitant de les négliger pour des futilités ou des amours passagers.

Rien n'est plus précieux que l'amour inconditionnel. Donne sans rien attendre en retour et accepte de recevoir ta part, le temps venu... Aime-toi comme tu aimerais être aimé. Fais aussi pour toi ce que tu fais déjà pour les autres. Voilà un grand secret pour goûter au véritable bonheur. Parfois, tu sais, il ne manque qu'un petit pas afin de réussir à atteindre cette sérénité tant recherchée. Sois là pour toi, aime-toi, l'amour te libérera, l'amour à chaque jour, au jour le jour.

-85-

Même dans la plus grande noirceur règne toujours une petite lueur et aussi minime soit-elle, elle pourra éclairer tes pas...

C'est normal de perdre espoir et de tomber, mais ce qui fera toute la différence, c'est ta capacité à te relever.

Tu n'es jamais seul dans ta souffrance... un ange, un proche, voire même un animal est là à tes côtés, à t'aimer.

Il te comprend. Il est là. Il croit en toi. Parfois, tu sais, il ne manque qu'un petit pas afin de réussir à atteindre cette sérénité tant recherchée. Sois là pour toi, aide-toi, l'amour te libérera, l'amour à chaque jour, au jour le jour. Tu peux arriver à surpasser ta douleur intérieure en te libérant de tes peurs. Apprends à écouter le silence pour te délivrer de tes souffrances. Trace ta propre voie et sois simplement toi!

-86-

Peu importe où tu es et avec qui tu es, sois simplement toi, avec tes qualités, tes défauts, tes forces et tes faiblesses. Tu es unique, une personne exceptionnelle croît en toi!

Avance pour toi et non plus seulement pour les autres. Repense constamment aux raisons de ton combat et à pourquoi tu as choisi la vie. Trouve en toi la raison de ta présence sur cette terre et chaque jour fait tout en ton possible pour réaliser ton plan de vie.

Personne ne pourra te donner ce à quoi tu aspires, va le chercher. Mets tes priorités au bon endroit. Cesse de te concentrer sur de vaines futilités. Ta santé et le temps qui t'est accordé ici-bas sont tes plus grandes richesses. Vis comme si tu mourrais demain. Aime comme tu aimerais être aimé. Tu es le changement, n'attends plus, il se fait déjà tard...

-87-

Ce n'est pas toujours évident d'oser être qui nous sommes vraiment. C'est beaucoup plus facile lorsque nous sommes seuls, car souvent la tâche se complique en compagnie d'autres personnes... Tu es unique, une personne exceptionnelle croît en toi! Peu importe où tu es et avec qui tu es, sois simplement toi, avec tes qualités, tes défauts, tes forces et tes faiblesses. Les vrais amis resteront et les autres se tasseront. C'est cela la vie, ce n'est jamais facile, mais c'est possible d'y arriver.

Comme vous tous, il m'arrive aussi de douter, de me remettre en question, de pleurer, mais j'ai appris à relever mes manches et à continuer ma route malgré tout...

-88-

C'est dans la simplicité que l'on peut trouver les plus grandes vérités... il suffit de regarder jouer un enfant ou même son animal de compagnie pour réaliser à quel point le bonheur peut être simple et accessible. Pourquoi se compliquer la vie en se tracassant continuellement? Vivons pleinement le moment présent, c'est beaucoup plus amusant et enivrant.

Chaque instant est unique et précieux. Vis comme si c'était ton dernier jour et aime comme tu aimerais être aimé...

-89-

Je dédicace ce petit texte aux êtres qui font toute la différence ou bien qui ont marqué notre vie, sur deux ou quatre pattes...

La plus petite lueur peut chasser la plus grande noirceur. C'est un fait, il suffit d'allumer une simple allumette dans une pièce sombre pour comprendre cela. Cette lueur d'espoir, c'est l'amour! Aimer et être aimé, sans attente et sans aucune condition. Qui d'autre que les anges peuvent nous enseigner à aimer et à nous abandonner de cette façon? Qu'il soit humain, ou animal, voire végétal, un être vivant a un jour ou l'autre marqué votre vie ou l'a complètement transformée.

Oui, les anges existent vraiment, mais ils sont plus futés que nous le croyons... ils aiment bien jouer avec nous et prendre des formes inattendues. Regardez plus attentivement, écoutez et ressentez cette force de vie qui vous pousse de l'avant...

Ce qui est encore plus merveilleux, c'est que toi aussi tu peux devenir cet ange pour tous ces êtres qui ont tant besoin d'amour. Aime comme tu aimerais être aimé, et surtout prends soin des êtres qui sont placés sous ta protection, comme nos amis à quatre pattes.

-90-

Au-delà de toute noirceur règne toujours une lueur, et aussi minime soit-elle, elle pourra éclairer tes pas...

Il est facile de t'égarer dans le brouhaha quotidien, de perdre espoir dans la tempête d'émotions qui t'assaille constamment. Au travers de tout cela, il t'arrivera souvent de tomber, mais ce qui fera la différence, c'est de trouver la force de te relever...

Te demandes-tu encore où trouver ce pouvoir intérieur qui te permettra d'affronter tes peurs et tes douleurs?

Il a toujours été là, ce petit feu de joie qui sommeille dans ton cœur. Quand rien ne va plus, retire-toi en toi et écoute attentivement ton cœur. Il peut te guider et t'aider à te libérer de ta lourdeur pour que tu t'élèves enfin vers toute ta splendeur.

Apprends à écouter le silence pour te délivrer de tes souffrances, puis trace ta propre voie et sois simplement toi!

-91-

Quel bonheur de se laisser aller, d'oser s'amuser et de rigoler seul ou bien accompagné... pourquoi continuer de retenir ce sourire et tous ces éclats de rire?

Pour ne plus souffrir, il faut t'ouvrir et oser être celui que tu es.

Peu importe ce que tu dis ou fais, il y aura toujours des gens pour porter des jugements, alors laisse de côté ton passé et ce qui fait de toi un être limité. Vis ta vie pour toi et non plus pour les autres. Tout devient moins lourd avec un brin d'humour et beaucoup d'amour!

-92-

Quand nous y pensons, n'est-ce pas ce que nous recherchons tous d'une façon ou d'une autre... le bonheur ? Mais de quelle façon t'y prends-tu?

À force de courir après le vent, il est normal de te sentir épuisé et découragé. Tourne plutôt ton regard vers l'intérieur, car ton cœur connaît le secret du véritable bonheur...

Connais-toi toi-même et tu connaîtras l'Univers. Aime-toi comme tu aimerais être aimé. Sois ton meilleur ami. Crois en toi et en tes rêves les plus fous. Apprends à regarder en toi avant de te perdre dans l'immensité de ce monde quelque peu égaré.

Tout commence par soi, en soi.

Tu es comme une fleur... tu dois d'abord germer puis t'enraciner au creux d'un sol fertile, dans la noirceur, à l'intérieur de la terre. Seulement ensuite, tu pourras t'élever avec ardeur vers une lueur extérieure pour partager toute ta beauté...; sois une fleur et rayonne enfin d'un pur bonheur!

-93-

En toute chose, peu importe avec qui tu es et l'endroit où tu te trouves, l'important reste toujours de donner le meilleur de toi... c'est ce que tu as de mieux à offrir.

Sois humble, intègre, franc et honnête, sois toi-même! Le monde a tant entendu de mensonges et vu de faux-semblants. Le temps est au changement. Ose devenir celui que tu as toujours été!

Pourquoi continuer de porter un masque, de réciter le même discours et de retenir l'élan de ton cœur? Ouvre plutôt les portes de celui-ci pour offrir le meilleur de toi à ceux et celles qui t'entourent.

Sois le changement que tu aimerais voir dans ce monde. Repose-toi s'il le faut, mais ne cesse jamais d'aimer et d'ouvrir ton cœur... tu es beaucoup plus fort que tu ne le crois.

-94-

Pourquoi continuer à hésiter, tu n'as qu'à suivre le chemin qui se dévoile sous tes pieds...

L'immobilité créée par la peur ne peut te guider vers ton évolution intérieure, vers l'ouverture de ton cœur. Il faut oser faire un pas, puis un autre pour transformer ta vie. Personne ne peut te changer ou faire un pas à ta place si tu ne commences pas par t'aider toi-même. Tout commence par soi, aide-toi et le ciel t'aidera!

La vie est si courte et le temps passe si vite alors ne le gaspille plus à te retenir constamment en hésitant à aller de l'avant. Fonce, déploie tes ailes et prends enfin ton envol vers ta nouvelle vie qui sera bien remplie. Qui ne tente rien n'aura jamais rien, alors mets un pied devant l'autre et marche enfin vers ton destin...

-95-

Le temps passe si vite, ça ne vaut pas la peine d'hésiter un seul instant avant de reprendre ton destin en main...

Pour la nouvelle année, regarde à l'intérieur de ton cœur afin de retrouver ton chemin. Puis, mets-toi en marche vers ton propre bonheur. La vérité se trouve dans les choses simples, ne perds plus ton temps à chercher à l'extérieur ce qui se trouve déjà en toi. L'Amour est l'une des plus belles résolutions...

Apprends enfin à t'aimer et à te respecter comme tu es, puis prends ton envol vers ta liberté retrouvée. Tu es unique et irremplaçable. Ta présence sur cette terre compte, alors trouve ta voie en toi et deviens le changement que tu souhaiterais voir dans le monde.

Tout est parfait, où que tu sois, qui que tu sois..., n'importe quel moment est l'occasion idéale à saisir afin de devenir celui ou celle que tu es vraiment! Tout est possible à celui qui croit en soi et en la magie de la vie.

-96-

Et si cette personne c'était toi… et si tu apprenais à t'aimer, comme tu aurais toujours aimé être aimé? L'amour ne peut que rendre tes jours moins lourds, mais en le cherchant constamment à l'extérieur de toi, tu perds peu à peu le sens véritable de celui-ci.

Comment offrir au monde ou même tenter de découvrir une chose que nous n'avons même pas explorée ou apprivoisée pour nous-mêmes?

Apprendre à s'aimer, à pardonner et surtout à se respecter est l'un des plus beaux chemins nous menant vers le véritable amour. Comment offrir au monde des récoltes si nous n'avons même pas pris le temps de semer le germe de toute vie dans la terre fertile de notre cœur?

Aide-toi et tu pourras ensuite aimer plus que tout ceux qui seront placés sur ton chemin…

L'amour, toujours l'amour, pour que tes jours soient moins lourds!

-97-

En traversant les méandres de ton existence, tu ne peux que constater à quel point le sentier que tu as choisi d'emprunter est sinueux et escarpé...

La souffrance est inévitable, autant que le bonheur. L'un et l'autre vont et viennent et ils semblent même se compléter. Qui serais-tu sans ton vécu? Qu'il soit beau ou moins beau, il a façonné l'être que tu es devenu. Mais même en étant conscient de ce fait, il est normal d'avoir encore des périodes difficiles ou tu aimerais moins souffrir.

Alors, laisse couler le temps, comme le fait la rivière... Embrasse la vie, sois pleinement présent, en écoutant les enseignements du silence intérieur. Va marcher dans la nature et admire la beauté des petites choses. Puis, tout en écoutant une mélodie enjouée, laisse-toi transporter par la magie de la vie et ainsi, ton cœur blessé redeviendra plus léger.

-98-

Ça peut être difficile à concevoir, voire même à croire, mais personne ne pourra t'offrir ce à quoi tu aspires depuis si longtemps... N'as-tu pas déjà entendu ce proverbe : aide-toi et le ciel t'aidera?

Si tu sembles encore courir après le vent, c'est peut-être que tu n'as pas cherché au bon endroit. As-tu déjà pris le temps de regarder en toi : tout ce que tu es, tout ce que tu as accompli, la force qui habite ton cœur? La plus grande erreur est de tenter de retrouver ce bonheur égaré à l'extérieur..., car il ne peut être acheté, conquis, troqué ou même volé.

Le bonheur ne peut qu'être semé au centre de ton être, puis avec le temps et l'effort, récolté pour être ensuite partagé. Tu es une terre fertile qui n'attend qu'un peu de travail et d'attention pour que germe enfin cette joie de vivre. Sois libre de construire ta vie de rêve. N'attends plus, prend en main ton destin et crée ton propre bonheur!

-99-

Tu es unique et c'est ce qui fait toute la différence... Imagine un instant un monde où tous les gens que tu rencontres seraient semblables, sans aucun défaut. Imagine un monde ni chaud, ni froid, ni lumineux, ni sombre. Nous ne sommes pas faits pour vivre dans la grisaille, mais plutôt dans un arc-en-ciel de couleur.

Sois qui tu es, n'hésite plus, ne doute plus sur ton importance dans ce monde. La vie est une symphonie et s'il manque une seule note dans une pièce, elle perdra alors toute sa richesse. Tu es cette note, tu es l'une des pièces maîtresses d'une grande œuvre d'art, la couleur qui manquait sur le tableau de la vie.

Nous avons tous un rôle à jouer, une légende personnelle à accomplir. C'est à toi de voir si tu veux subir ou vivre ta vie. Personne ne pourra te donner ce à quoi tu aspires, tu devras aller le chercher avec les forces qui t'ont été données à ta naissance... À toi de les découvrir, puis de les partager avec le monde qui t'entoure. La diversité, c'est ce qui donne de la force à l'unité.

-100-

Autant seul qu'accompagné, il est primordial d'apprendre à s'aimer autant que l'on peut aimer une autre personne..., en méditant sur cette grande vérité, il sera plus facile de retrouver cette légèreté qui nous a jadis habités.

T'es-tu déjà senti délaissé, abandonné, trompé, rejeté par l'être que tu as tant aimé? C'est une triste réalité que tu devras affronter un jour ou l'autre. Si ce n'est par ta tendre moitié, ce pourrait aussi bien être par ta meilleure amie ou ton meilleur ami, voire même un membre de ta famille. Si tu as été rejeté, ne cours pas aveuglément après le ou la première venue, apprends plutôt à t'aimer et à te respecter comme tu aurais souhaité l'être. Utilise le temps qui t'est alloué pour être seul comme un privilège pour apprendre à mieux te connaître. Ainsi, tu seras plus en mesure de faire le bon choix lorsque des gens entreront ensuite dans ta vie...

Chaque chose en son temps. Cesse de te fuir, par peur de subir ou de souffrir. Retrouve le sourire et apprends à vivre pour toi en respectant tes choix. Tu mérites ce qu'il y a de mieux. Crois en toi!

-101-

Peu importe ce que tu fais, fais toujours de ton mieux et donne le meilleur de toi-même, car un jour ou l'autre vient le temps d'assumer tes actions. Alors, sème de bonnes graines et tu auras inévitablement de bonnes récoltes.

La vie est courte, les relations sont précieuses et le pouvoir ainsi que la richesse sont éphémères. Médite sur l'importance de tes faits et gestes. Sur le sens que tu souhaites donner à ton existence. Tu peux toujours grandir et t'améliorer. Utilise le temps qui t'est alloué sur cette terre pour en faire un monde meilleur, à ta façon, par de petites actions. Sois le changement, n'attends plus après les autres. Ne reporte pas sur les autres la raison de tes malheurs, mais assume maintenant pleinement ce que tu es devenu et la vie que tu mènes en ce moment. Il n'est jamais trop tard pour devenir la personne que tu as toujours rêvé d'être. Sans plus attendre, sois la plus haute vision que tu peux avoir sur toi. Par tes bonnes actions, faites en toute humilité et sincérité, deviens une sorte de phare pour ceux qui cherchent encore la bonté en eux...

-102-

Le sentiment est le langage de l'âme, c'est cette petite voix en toi qui t'invite à suivre la voie de ton cœur. Apprends à t'écouter puis à te respecter. Développe ton sixième sens, celui du ressenti. Tu as toi aussi le pouvoir de choisir au lieu de subir, mais comment faire le bon choix?

Ce que tu ressens en dedans est ce qui est le plus important. Ne doute plus quant à la bonne direction ou à la bonne action à prendre..., car au cœur d'une impression et d'une émotion, se cache la pureté de ton être véritable. Laisse-le te guider vers ton chemin de vie, et puis, enfin, souris mon ami!

-103-

Repose-toi s'il le faut, mais n'abandonne jamais ce pour quoi tu es venu au monde..., tu auras toujours des périodes difficiles, ou plus rien ne semble aller. Ce qui fera toute la différence, c'est ta capacité à t'adapter, à relever tes manches et à continuer d'avancer malgré les difficultés. Même les plus hauts sommets sont gravis un pas à la fois, alors ne désespère pas. Garde confiance en la force qui sommeille en toi, mais surtout en la magie de la vie. Toute chose a sa raison d'être, et chaque chose arrive en son temps, il suffit parfois d'être patient.

N'attends plus que le monde s'offre à toi, lève-toi et va chercher ta part dans ce monde. Ne reporte pas sur les autres si plus rien ne va, reprends en main ton destin et trace ton propre chemin. N'oublie jamais cela, quand plus rien ne va, repose-toi s'il le faut, mais n'abandonne surtout pas!

-104-

Qui n'a pas tenté ou qui ne tente pas encore de trouver le bon chemin pour goûter au plus bel amour?

Cesse de chercher seulement à l'extérieur quelque chose qui se trouve déjà à l'intérieur de ton cœur. Cultive-le d'abord en toi, dans toute sa pureté, puis fais-toi un devoir de le partager librement et respectueusement. Regarde tout autour avec amour et tes jours seront moins lourds. Fais le premier pas. Commence par apprendre à apprécier ce que tu es. Tombe en amour avec la vie. Transpose ensuite tous ces beaux sentiments vers ceux et celles qui t'entourent. Ne cherche plus le chemin, sois le chemin. Ne cherche plus l'amour, sois l'amour... prépare-toi, car lorsque tu seras enfin prêt, il saura bien te trouver.

-105-

Les plus grandes richesses du monde, les plus beaux trésors, voire même le pouvoir, ne sont rien comparativement à la lumière radieuse qui sommeille au centre de ton être...

Tout ici sur la terre est éphémère et devra être laissé derrière lorsque tu quitteras la matière. Accumule des biens, mais ne t'attache pas à ceux-ci. Vis dans le monde sans t'identifier à lui. Médite constamment sur la fragilité de ton existence et sur l'importance d'oser être l'être que tu es avant ton retour à la source. Ton temps est compté, mets alors tes priorités au bon endroit. Ne cours plus après de vaines chimères, prends en main ton destin. Deviens celui que tu es et sois fier d'exposer au monde toutes les richesses de ton cœur afin qu'eux aussi partent en quête de ce trésor intérieur. Sois le changement, sois qui tu es, car tu es unique!

-106-

Il n'y a pas de place au regret lorsque l'on suit toujours la voie de son cœur...

Peu importe avec qui tu es ou ce que tu as à faire, sois pleinement toi et fais ce que tu peux faire de mieux, ainsi tu pourras avoir la conscience tranquille et marcher la tête haute. Car c'est un fait des plus frappants, peu importe ce que tu fais, tu ne pourras jamais plaire à tout le monde, alors ne va pas jusqu'à trahir ta propre conscience...

Recommence à vivre vraiment. Vis pour toi et non plus pour ce que les autres vont penser ou dire. Ce que tu ressens en ton cœur, voilà tout ce qui est important pour toi. N'attends plus et commence à rayonner au lieu de seulement exister. Laisse ta bonne conscience te guider et regarde tout autour avec amour.

-107-

Les plus grandes richesses se trouvent avant tout dans les petites choses... Le bonheur, c'est de savoir apprécier ce que nous avons déjà et ce que nous sommes devenus au fil du temps.

Tu ne seras jamais véritablement heureux si tu n'apprends pas d'abord à dire merci à la vie pour la chance que tu as. Prends le temps de méditer sur tes valeurs profondes... Que représente pour toi l'abondance?

Car tu peux posséder le monde et ses richesses, mais avoir perdu l'essentiel de cette vie : l'amour, l'amitié, la santé et la sérénité.

Tu peux parcourir la terre à la recherche des plus grands trésors, mais si tu n'as pas déjà cultivé en toi la gratitude, tu ne pourras jamais te contenter et simplement apprécier le moment présent. Regarde autour de toi, tout est déjà là, pour que tu puisses sourire et t'épanouir. Laisse de côté tes soucis et remercie enfin la vie mon ami!

-108-

Peu importe ce qui t'arrive dans ta vie, apprends à rapidement transformer ta façon de percevoir les événements. Pour continuer à avancer, peu importe les difficultés, et cesser de reculer, porte un nouveau regard sur toi et sur le monde qui t'entoure.

Le choix est toujours entre tes mains, tu abandonnes ou bien tu relèves tes manches et tu continues ta route. Cesse de t'apitoyer parce que tu es tombé, retourne-toi et remercie la vie malgré tous tes soucis, car voilà que tu es devenu encore plus fort et persévérant. Peu importe le nombre de fois où tu trébuches, l'important reste toujours le nombre de fois où tu te remets sur pieds pour continuer d'avancer.

Le pouvoir de changer les choses est en toi...

-109-

Il faut apprendre à se prendre dans nos bras, à être bien seul. Si c'est le cas et que la vie t'apporte enfin celui ou celle que tu as tant attendu, ne te retiens plus, ouvre grandes les portes de ton cœur et apprends à aimer sans peur d'être à nouveau blessé. Trop de gens ont souffert de l'amour...

Pour que tes jours soient moins lourds, apprends à aimer et à partager en toute liberté la pureté de ce sentiment avec cet être qui illumine ta vie. Une relation consciente t'offre l'occasion de te surpasser, de t'ouvrir et de grandir.

À toi de choisir, rester prisonnier de ton passé ou bien gravir la dernière marche vers ton propre bonheur. Lorsqu'une belle histoire de cœur s'offre à toi, ne la refuse pas, plonge dans l'inconnu et offre le meilleur de ta personne. L'amour véritable est l'une des plus belles expériences qui t'offrent un avant-goût du ciel, alors quand il croise ton chemin, fais toujours de ton mieux pour qu'il ne se termine jamais...

-110-

Peu importe ce que tu feras, il y aura toujours des gens pour te juger... mais il y en a aussi d'autres qui t'aimeront malgré tous tes défauts. C'est sur eux qu'il faut compter, c'est leur compagnie qu'il faut rechercher.

Les vraies amitiés, les gens qui sont là pour toi, dans tes bonnes comme dans tes mauvaises périodes, sont un vrai trésor. Alors aujourd'hui, comme ça, sans aucune raison, apprends à dire merci à la vie et à tous ceux et celles qui rendent celle-ci plus lumineuse et rayonnante. Peu importe les difficultés, les belles amitiés sauront toujours apaiser les cœurs attristés. Médite sur l'importance des petites attentions que tu peux apporter à ton entourage et apprends à apprécier toutes celles que tu reçois déjà au quotidien. Apprends à donner ce que tu aimerais recevoir. Offre le meilleur de toi au monde pour que celui-ci voie le meilleur de lui-même... c'est le changement que tu aimerais voir!

-111-

Quand plus rien ne semble aller, que ton univers s'effondre, que tu te sens perdu et confus, car tu as perdu tous tes points de repère, arrête-toi un instant et respire profondément...

Lorsque tu seras confronté à cette souffrance intérieure, celle qui te rongera le cœur, tourne ton regard vers l'intérieur et apprend à écouter ta douleur. Chaque mal de l'âme peut te révéler de grandes vérités sur tes capacités et ton potentiel intérieur. Ces moments difficiles de ta vie t'invitent avant tout à faire le point, à prendre du temps pour toi en laissant au temps le temps de faire son temps...

Résister, c'est renier ou éviter la réalité. Tenter d'accepter ses difficultés, c'est continuer d'avancer le cœur plus léger. Prend courage et laisse la rivière couler, ne la retiens plus. Chaque chose en son temps et ton temps à toi aussi viendra si tu le crois sincèrement...

-112-

Vivre dans le cœur, c'est devenir ivre de bonheur...

Si, comme moi, il t'arrive de douter de toi, apprends à t'inspirer des plus belles idées qui sommeillent encore en ton for intérieur. Pars en quête de ce trésor de sagesse que certains appellent l'intuition. Peu importe ce que tu feras, cette petite voix sera toujours en toi. Apprends à écouter et à suivre ton cœur. Ta destinée y est gravée en lettres dorées. Ne cherche plus à l'extérieur, tourne enfin ton regard vers l'intérieur. Certaines des plus grandes vérités y sont dissimulées. Alors, n'oublie jamais cela, quand tu es perdu et confus, laisse ton cœur guider tes pas. Ainsi, tu ne pourras jamais vivre de regrets. Crois en ton pouvoir intérieur...

-113-

Pour cette personne qui m'est destinée... Je peux t'offrir mes désirs, mes regards passionnés, mes caresses et mon corps, mais je sais au fond de moi que le plus grand trésor que je peux partager avec toi se trouve au creux de mon cœur.

Qu'est-ce que le sexe sans amour? C'est me contenter de la lueur d'une chandelle éclairant une pièce plutôt sombre au lieu de goûter à un chaud soleil d'été qui réchaufferait tout mon être.

Je veux t'offrir le meilleur de ce que je suis afin que toi aussi tu voies ce qu'il y a de mieux en toi. Je veux t'aimer sans te posséder et t'aider à ouvrir grandes tes ailes afin que tu puisses, toi aussi, goûter au ciel. Je veux te faire sourire continuellement et non pas seulement te faire jouir de temps en temps. À mes côtés, tu seras comblé, non pas de richesses matérielles, mais bien d'une abondance de fraîcheur et de bonheur.

Je vais t'aimer et non pas seulement te désirer, car je sais qu'au-delà de toute la beauté de tes courbes, se cache une magnifique petite fleur, la lumière de ton être...

Nous devrions tous apprendre à aimer non seulement un corps, mais avant tout l'âme qui l'habite. Avec la pureté de cet amour, nos jours seront moins lourds. Je sais que ce ne sera pas facile, et pourtant, je crois qu'ensemble tant de choses seront possibles!

-114-

Le vent souffle et lorsqu'il est passé, il est impossible de le rattraper. Cependant, tu peux l'utiliser pour avancer plus rapidement vers l'avant... Peu importe ton vécu, ce qui t'est arrivé hier, laisse tout derrière et saute les barrières.

Ton passé a édifié ta personnalité, maintenant laisse ton sourire façonner ton avenir. Accepte tes peurs, affronte ta noirceur, puis fonce vers l'inconnu. Tout ce qui est vivant est appelé au changement. Ce qui stagne meurt de l'intérieur. Laisse-toi guider par ta destinée et continue à cheminer malgré les blessures du passé. Demain est un autre jour, et pour que tout te soit moins lourd, nourris-toi d'amour au jour le jour. La rivière coule sans cesse, tu ne pourras jamais retourner dans la même eau, alors laisse-toi plutôt porter au gré du courant, vers de toutes nouvelles aventures, ton futur!

La véritable force ne s'est pas construite sans jamais tomber, mais en se relevant à chaque chute, malgré toutes les difficultés, continue d'avancer...

-115-

La vie change, change ta façon de la percevoir et surtout de te voir...

Tout dépend du regard que tu portes sur le monde et sur ce que tu es. Cesse enfin de reporter la faute de tes souffrances intérieures sur ce qui arrive à l'extérieur. Tu es le maître de ton destin. Chacun de tes choix est important. Pense, parle et agis selon ce que tu es réellement, selon tes plus hautes aspirations. Sois le changement que tu souhaiterais voir dans ton entourage et cesse enfin de perdre ce temps précieux à critiquer ceux et celles qui se cherchent encore...

C'est toi qui peux faire toute la différence. Médite sur le sens profond que tu souhaites donner à ton existence. Prends du temps pour toi, pour cela, car c'est l'une des étapes les plus importantes de ta vie. Puis, agis..., ne doute plus et passe à l'action pour entamer ta guérison et ce processus de création. Le bonheur véritable est à ta portée de main...

-116-

L'amour toujours l'amour, pour que tout te soit moins lourd, à chaque nouveau jour...

Aime comme jamais tu n'aurais osé aimer. Aime comme tu aurais aimé être aimé. N'attends plus, n'hésite plus, plonge au cœur même d'un amour pur et sincère, seulement pour la beauté d'aimer et d'être aimé.

L'amour est ce que tu es. Ne cherche pas plus loin, aimer c'est commencer à exister... c'est t'affirmer, c'est semer la pureté dans toute sa simplicité.

Crois en la magie de la vie et ouvre ton cœur malgré toutes tes souffrances intérieures. Tu peux y arriver, sans trébucher. Offre au monde ce qu'il y a de meilleur en toi, un amour pur et sincère.

-117-

Peu importe qui tu es et ce que tu fais, l'important reste toujours de faire tout ce que tu peux, puis de faire confiance à l'Univers pour ce qui est de la suite...

Rien ne sert de te faire constamment du mauvais sang et de gaspiller une seule seconde à douter de ce qui ne peut être changé.

Laisse aller toutes ces mauvaises pensées et focalise ton attention sur tes bonnes actions. Fais toujours de ton mieux, puis lâche prise sur les résultats, ainsi tu pourras mieux avancer sur le sentier qui t'est destiné. Le cœur léger, tu découvriras ce qu'est réellement la liberté. Offre au monde le meilleur de toi afin qu'il voie ce qu'il a de meilleur en chacun..., fais confiance à la vie et à l'immense potentiel qui t'habite.

-118-

Tout a sa place au centre de ton existence...; chaque personne, chaque situation et chaque nouveau défi sont de nouvelles occasions pour toi de te découvrir, de t'ouvrir et enfin d'offrir au monde ce qu'il y a de plus beau en toi. À travers les nombreux méandres de cette vie, tu découvriras, malgré toi, que la majorité du temps tu ne pourras changer les choses ou les événements. En revanche, tu peux apprendre à transformer la vision que tu portes sur ceux-ci...

Tout ce qui se présentera sur ton chemin, de beau et de moins beau, a sa raison d'être. Ouvre ton cœur et ton esprit à la vie et accepte de te laisser façonner. Comme la chenille qui devient papillon, tu peux toi aussi te transformer et ouvrir tes ailes pour regagner ton ciel.

Alors, n'oublie jamais cela : c'est ton regard qui peut changer ce qui ne peut être changé. En toute chose, cherche l'enseignement qui t'amènera les bons changements en-dedans...

-119-

Ta plus grande richesse, c'est ta santé, mais c'est aussi de pouvoir profiter en toute liberté du temps qui t'est alloué sur cette terre.

À quoi te servira tout cet argent si tu n'as même plus un moment pour respirer et t'amuser ? Que vaut le poste le mieux rémunéré si la maladie te poursuit ? Prends un moment pour toi et médite sur les priorités qui vont créer ta nouvelle réalité. Prends conscience que tout est une question d'équilibre. Ne cherche plus seulement l'abondance dans ta vie matérielle, mais cultive la joie et le bonheur dans ton cœur afin qu'ils se reflètent dans ton quotidien. Être riche, c'est vivre tous les jours comme si c'était ton dernier. C'est rire et sourire pour ne plus souffrir. C'est oser avancer et te surpasser afin de te recréer. Prends du temps pour toi, tu le mérites... Tu es né et tu mourras sans le décider. Cependant, tu peux choisir ta manière de vivre !

-120-

Dans les périodes difficiles, comme dans les plus beaux moments, concentre toujours ton esprit sur la magie de la vie qui opère aussi en toi. Tu as déjà le meilleur, bien à l'abri dans ton cœur, ce que personne d'autre n'aura jamais. Tu es un être unique et rayonnant.

Pour que le destin te sourit enfin, cesse de regarder ce que tu n'as pas encore et apprécie l'être que tu es devenu malgré les nombreuses intempéries. Peu importe tes soucis, relève le défi et reconnais cette richesse intérieure, celle de ton cœur. C'est cela la sagesse. C'est ainsi que tu goûteras à l'allégresse. Apprends à te connaître, puis à te respecter et enfin à aimer l'être merveilleux que tu es. Crois en toi, personne d'autre ne pourra t'offrir cela.

-121-

Tu mérites ce qu'il y a de mieux, comme chaque être humain... tu mérites d'être aimé, écouté et respecté. Personne n'a de droits sur toi. Tu as été créé pour manifester ton individualité en toute liberté. Le Créateur t'a donné l'un des plus beaux cadeaux, le libre arbitre. Personne d'autre que toi ne pourra t'offrir ce à quoi tu aspires. Offre-toi enfin la chance d'être pleinement qui tu es, sans hésiter, douter ou pire, retenir toute ta beauté intérieure.

Si la noirceur s'est installée dans ta vie, c'est que peut-être lui as-tu permis? Redonne-toi le droit de goûter au bonheur. Recommence à vivre pour toi et non plus pour les autres. Apprends à affirmer respectueusement tes pensées et tes sentiments. Tu seras respecté et apprécié lorsque tu commenceras réellement à t'aimer pour ce que tu es réellement au-dedans, inconditionnellement.

-122-

Certains parlent d'âmes sœurs, d'autres de flammes jumelles. Il existe aussi des gens qui ne croient rien de tout cela.

Peu importe ce que disent ou pensent ceux qui t'entourent, l'important c'est de croire en toi et d'écouter ce que te dicte ton cœur. Car peu importe que tu sois seul ou en couple, maintenant, un être spécial peut à tout instant croiser ton chemin et chambouler toutes tes pensées. Si tu ne crois pas en la magie de la vie et que tu fermes ton cœur à l'amour, le bonheur ne pourra faire à nouveau fleurir ton cœur...

L'important, c'est de toujours croire que tu mérites ce qu'il y a de mieux. Si tu sens que tu as déjà trouvé cet être merveilleux, alors réjouis-toi. Préserve et entretiens le feu sacré de cet amour. En revanche, si tu es seul ou même en couple et que tu sens toujours cet appel en toi, c'est que tu n'as sûrement pas encore croisé le chemin de cet être qui t'est réservé et que tu mérites. Ne perds plus de temps, prépare-toi intérieurement. Aime-toi, respecte-toi, surpasse-toi en faisant toujours de ton mieux. Le moment venu, cette rencontre spéciale, au caractère sacré, deviendra ta réalité.

-123-

Tu es un être intelligent et en y pensant attentivement, tu comprends facilement qu'il est impossible de retenir le vent. Alors, ne résiste plus au changement, sois simplement indulgent avec ces gens qui vont et qui viennent.

Je crois que tu sais aussi que les événements, comme les gens, sont changeants et parfois fuyants...

En utilisant ta force intérieure et en écoutant les murmures de ton cœur, tu ne pourras que trouver la clé qui peut te redonner la liberté du laisser-aller.

Laisse la vie te guider vers la meilleure conduite à adopter. Chaque chose a sa raison d'être et l'Univers sait ce qu'il doit faire. Alors, accepte simplement ce qui est, en lâchant prise et en souriant tel un enfant. Ne t'attache plus aux gens, aux choses ou événements, laisse courir le vent et apprécie seulement chaque instant.

-124-

Parfois, en regardant tout autour, ressens-tu, toi aussi, une sorte de vertige?

Les gens courent sans arrêt, ici et là, de jour comme de nuit, mais après quoi au juste? Le temps, le succès, le pouvoir, voire même un peu plus d'argent?

Tu es de ceux qui semblent être différents de tous ces gens. Tu crois au changement, tu veux ce qu'il y a de mieux. Même si parfois tu ressens une sorte de vide intérieur, étant un peu perdu et confus face à toute cette agitation, ne perds jamais espoir, car la lueur de ton cœur t'invite toujours à croire.

Tu aimerais bien trouver un moyen de trouver le bon chemin? Assois-toi dans la nature et écoute ses murmures..., c'est dans le silence intérieur que tu trouveras la force de rayonner et d'illuminer toute noirceur. Ce que tu as tant cherché, dans le monde extérieur, se trouvait déjà au centre de ton cœur. En prenant du temps pour toi, tu découvriras ce qu'est vraiment le bonheur.

-125-

Pour goûter au véritable amour, il te faudra être en mesure de l'accueillir comme il se doit, ce qui veut dire qu'il faut te préparer intérieurement...

Travaille la terre de ton être afin qu'il n'y pousse que de belles choses. Fais de ton cœur un lieu de tranquillité où rayonne le bonheur. Construis ton propre paradis au sein de ta vie. Ainsi, tu pourras mieux recevoir l'ange que tu as tant attendu. Sois un être rayonnant, le cœur débordant d'amour. N'aie plus peur de la douleur. Accepte d'aimer et d'être aimé dans toute ta pureté. Laisse de côté ton passé et ouvre tes ailes afin de regagner ton ciel. Ouvre tes bras pour que vienne s'y blottir cet être au joli sourire. Fais toujours de ton mieux et offre ce que tu as de meilleur en toi. Regarde la magie opérer, un ange sera ainsi toujours à tes côtés...

À cette personne qui m'est destinée, je t'offrirai toute la pureté de mon cœur dénudé. Je ferai de ta vie un bout de paradis, tu seras mon petit ange et je serai aux anges.

-126-

L'amour est l'une des plus belles expériences que tu peux vivre sur cette terre...

Quand il croise ton chemin, peu importe la façon dont il se présente à toi, accueille-le avec respect et enthousiasme. N'essaie pas de le manipuler, de le contrôler, de le capturer et de le transformer... accepte-le dans toute sa pureté. Apprends à aimer comme le fait un enfant sans te poser trop de questions, sans vouloir tout compliquer par ta pensée, vis-le pleinement et réjouis-toi simplement. Rien n'est plus beau que d'offrir un tel cadeau. Aime sans arrière-pensée, pour le simple plaisir de partager la beauté d'aimer et d'être aimé. Aime comme tu aimerais être aimé..., car le véritable amour fait de chaque nouveau jour, un monde meilleur.

-127-

L'amour ne devrait jamais être une question de compétition ou de chasse aux trophées. Comme dans toute autre chose, recherche la qualité d'une relation au lieu de la quantité. Ne sois pas pressé de rencontrer l'amour, laisse-lui la chance de te trouver. Quand il sera enfin à tes côtés, laisse-le te transformer. Apprivoise tes peurs et ouvre-lui ton cœur.

Traite toujours cet amour avec grand respect, car ce n'est pas un simple objet que tu peux jeter quand tu t'en es lassé... Une relation sincère se compare à un feu de bois; si l'un ou l'autre cesse d'alimenter le brasier, il risque de s'éteindre de lui-même. Alors, au lieu de jeter des p'tits bouts de bois ici et là, ou d'allumer d'autres feux, concentre-toi à entretenir la flamme de ton cœur, celle qui te faisait jadis sourire.

Peu importe d'où viendra l'amour, fais toujours de ton mieux afin d'offrir le meilleur de toi, pour mieux grandir et t'épanouir.

Si jamais tu dois malgré tout partir, pour construire un autre avenir, alors fais-le avec toute la pureté des sentiments qui t'ont jadis animé...

-128-

Ce qui a été écrit ne peut être effacé et retranscrit... le passé est ce qu'il est et tu ne pourras rien y changer, c'est la triste réalité!

Avec le temps qui passe, tu réalises que tu as vécu de nombreuses histoires, de belles et de moins belles. C'est le récit de ta vie, c'est ce qui te permet d'affirmer tout haut; je suis ce que je suis!

Tu es à la fois le héros et l'auteur de la trame de ton existence. Sois conscient que rien n'est plus important que de vivre l'instant présent tout en regardant en avant. Laisse le passé et toutes tes petites misères derrière toi. Sois sage et tourne enfin la page. Ne pense plus à tes soucis, souris et écris un tout nouveau chapitre. C'est parfois difficile de laisser aller et de pardonner à ceux qui t'ont blessé, mais c'est ce qui te redonnera ta liberté.

Tu mérites le bonheur, alors ouvre ton cœur et avance pour ne plus souffrir avec ton plus beau sourire. Saisis ta chance, écris sur cette page blanche, le récit de ta vie...

-129-

Pourquoi continuer d'attendre le bon moment où même l'aide d'une autre personne avant de prendre en main ton destin?

Rien n'est plus important que le respect et l'amour de soi, c'est ce qui te mènera à trouver le sens véritable de ton passage sur terre. Il est urgent pour chaque personne de remettre les pendules à l'heure avant que la cloche ne sonne...; ta vie t'appartient, alors, tout ce que tu fais, fais-le pour être bien. Car si le bonheur habite ton cœur, tu feras de ce monde, un monde meilleur. Tu as assez attendu que les choses ou même les gens changent. Maintenant, le moment est venu de prendre ton bien en urgence et de devenir le changement que tu as tant souhaité voir autour de toi. Le temps passe rapidement, vas-tu attendre encore longtemps avant de reprendre ta vie en main? Prends soin de toi, écoute ton cœur et construis ton propre bonheur. Personne d'autre que toi ne pourra t'offrir ce à quoi tu aspires...

-130-

Peu importe les difficultés rencontrées ou les épreuves à traverser, ne baisse jamais les bras et, s'il le faut, bats-toi!

Ne crains rien des lendemains, concentre toute ta force dans ta volonté à affronter chaque nouvelle journée. Les défis de la vie ne sont pas là pour te rabaisser ou pour te faire souffrir, mais bien pour te faire évoluer et t'aider à grandir. L'heure la plus sombre du jour est avant le lever du soleil..., ouvre ton cœur et accueille chaque difficulté avec humilité pour enfin retrouver ce bonheur égaré. Un ange veille toujours sur toi, ne désespère pas, relève-toi et écoute la sagesse du silence intérieur. L'Univers te parle et tente de guider tes pas..., aie foi en toi et ne cesse jamais de croire en la magie de la vie.

-131-

Ouvre la porte de ton cœur, libère-toi enfin de ta prison intérieure..., car toi seul possèdes la clé pour retrouver ta liberté égarée.

Laisse aller ton passé et pardonne aux gens qui t'ont blessé. Fais-le avant tout pour toi, pour mieux grandir et commencer à guérir. Ce n'est pas compliqué, c'est dans la simplicité que se trouvent les plus grandes vérités!

Si tu apprends à t'aimer, te respecter et te pardonner, alors tu pourras aussi le faire, mais de manière plus sincère avec ceux qui t'ont blessé. Pardonner, c'est te réconcilier avec la vie. Souris et laisse tous tes soucis de côté. Ta vie commence le jour où tu choisis de vivre malgré toutes les difficultés rencontrées. Sois différent, sois le changement, sois rayonnant!

-132-

Ton cœur te dictera toujours le bon chemin à suivre... Ton degré de bonheur est un bon indice de la valeur de tes choix. Si tu n'es pas heureux dans ce que tu fais, peut-être que le temps est venu pour toi de prendre un autre chemin. Ne sois pas prisonnier de ton destin, reprends ta vie en main et construis-toi de meilleurs lendemains. N'attends plus après les autres ou bien après la situation idéale, saute dans l'inconnu tout en suivant ton intuition. Rien n'est plus important pendant ton passage sur la terre que la profondeur du bonheur qui habite ton cœur. Alors, fais toujours de ton mieux pour être heureux et rayonner sur toute la collectivité. Tu le peux, et c'est ce qui est merveilleux!

-133-

Tout commence en toi et par toi..., ne reporte plus sur les autres ou sur les événements extérieurs les raisons de tes malheurs. Tout est une question d'attitude et de travail intérieur. Tu es dans le monde pour grandir et pour t'épanouir, non pas pour juger et te révolter. Alors, dans chaque situation, demande-toi toujours de quelle façon tu peux faire de ton mieux et offrir le meilleur de toi-même. Cesse enfin d'attendre que l'on t'offre le bonheur, et ouvre enfin ton cœur. Cultive la paix en toi et rayonne sur ton entourage. Ce ne sera pas facile, mais c'est possible. Ici et maintenant, sois le changement que tu souhaiterais voir dans le monde, car tout commence en toi et par toi...

-134-

Pourquoi continuer à tout compliquer et te tracasser pour ce qui ne peut être contrôlé?

La vie ne devrait pas être un défi continuel, laisse de côté tes soucis, elle sera beaucoup plus belle ainsi. Apprends à lâcher prise sur ce qui te dépasse... prends courage et surpasse toutes ces impasses. Accepte ce qui vient à toi et ne retient plus ce qui cherche à partir. Pour ne plus souffrir et recommencer à sourire, apprends à ouvrir ton cœur et à accueillir le bonheur, il est temps de guérir.

Tu ne peux peut-être pas toujours changer les choses qui se passent à l'extérieur de toi, mais tu peux apprendre à maîtriser ton monde intérieur et la façon de percevoir ta vie et ses nombreux défis. Ne t'en fais plus, relève tes manches, souris et continus...

-135-

Tu es celui que tu es, avec tes forces, tes faiblesses, tes qualités et tes défauts... Tu as grandi et tu t'es transformé en suivant le fil de ta vie. Tu es le résultat de chacun de tes choix. Sois fier de l'être que tu es devenu. Tu peux accepter de t'ouvrir et continuer à grandir, mais fais-le pour toi et non parce que les autres te demandent de changer. Si tu aimes vraiment quelqu'un, tu acceptes son entière personne, tu l'encourages au lieu de regarder seulement ses défauts. L'amour est libre et réconfortant. Alors, laisse de côté ce qui te limite et t'impose sa volonté. Tu mérites la liberté d'affirmer ton plein potentiel. Comment veux-tu que les gens croient en toi si toi-même tu n'y crois pas et si tu te remets constamment en question?

-136-

On ne le répétera jamais assez souvent, la vie est précieuse et parfois plus courte que l'on ne le croit...

Alors, ne perds plus un seul instant à mépriser les gens et à te plaindre sur ta destinée. Prends ton bonheur en main, cesse de remettre toujours au lendemain cette nécessité de te réaliser. Ne cherche plus seulement ce que tu peux faire pour être plus heureux, sois-le et transforme le sens de ton existence.

Tout semble compliqué et tu crois avoir les mains liées? Personne d'autre que toi ne peut t'enfermer dans ta réalité. Sois sage et prends enfin ton courage à deux mains pour sourire et cesser de souffrir. Cultive ton bonheur en écoutant ton cœur, accepte de grandir malgré tes nombreuses difficultés et accueille continuellement le changement. Sois heureux, tu le peux!

Tu verras comme c'est merveilleux...

-137-

Le sentiment est le langage de l'âme... Alors écoute toujours ton cœur, lui seul connaît le chemin du véritable bonheur. Si tu t'ennuies dans ta vie, c'est peut-être parce qu'il est temps d'affronter de nouveaux défis. Vivre pleinement, c'est te sentir vivant à chaque instant. C'est devenir celui ou celle que tu as toujours rêvé d'être. Ne retiens plus en toi l'élan qui a jadis construit l'être que tu es devenu. Ne laisse jamais la routine étouffer la flamme de ton amour. Aime-toi, aime ta vie et tous ceux avec qui tu la partages. Sois sage, souris sans raison et donne le meilleur de ta personne. Fais de ton mieux sans jamais juger les autres, même s'ils semblent en faire peu. Le bonheur se cultive chaque jour dans ton jardin intérieur. Ne cherche plus à l'extérieur, mais ouvre ton cœur et deviens une lueur d'espoir...

-138-

Peut-on forcer le soleil à briller ou même le vent à souffler? Laisse faire l'Univers, il sait ce qu'il doit faire. Toute chose a sa raison d'être, alors ne regrette rien et accepte ce qui advient. Ne résiste plus au courant de la vie, fais toujours de ton mieux et puis, fais confiance autant que tu le peux.

Si malgré tous tes efforts, ça ne marche pas, ne t'en fais plus avec ça, c'est que ce n'était pas pour toi, il y aura une autre fois. Ne perds plus de temps et encore moins d'énergie à résister à ta réalité, car ce que à quoi tu résistes, persiste. Lâche prise et continue à vivre ta vie avec ton plus beau sourire... le meilleur s'en vient, ne crains plus les lendemains!

-139-

Au-delà de l'égoïsme, il y a l'estime et le respect de soi qui sont une priorité pour goûter au bonheur véritable... trop de gens sont vidés à force d'avoir trop donné.

Apprends à te connaître, puis à t'écouter pour mieux travailler en harmonie avec tes besoins vitaux et avec ce que te demande ta vie. Tout est une question d'un fragile équilibre. Il faut savoir donner, mais aussi apprendre à se ménager. Comment arriver à trouver la sérénité si tu ne peux jamais refuser ce qui t'est proposé? Écoute toujours cette petite voix en toi, celle de ton intuition et elle te guidera vers ce qui est bon.

Ce n'est jamais facile d'apprendre à dire « non », mais sois certain que ce sera pour de meilleurs « oui ».

Tout est question d'équilibre et d'harmonie...

-140-

Ce n'est pas le fait d'être riche qui peut devenir un problème en soi, mais c'est de s'identifier à cette richesse et au pouvoir qu'il procure...

Si tu cherches à posséder toujours plus de choses pour être mieux que les autres, tu peux t'égarer et même t'éloigner des plus sincères amitiés.

Retourne vers l'essentiel, vers la nature et tout ce qu'elle te procure. La simplicité du moment présent, la beauté de l'environnement... Vas-y aussi souvent que tu le peux et cultive peu à peu ton jardin intérieur, car tout ce que tu auras acquis dans le monde extérieur te sera un jour remis. Vis pleinement, c'est ce qui est le plus important.

N'oublie jamais que tu n'es ici que pour un temps.

-141-

Le temps n'est plus aux regrets ni aux choses du passé... tu es en vie, mais pour une période encore indéfinie. Ne perds plus de temps à hésiter ou même à désespérer, relève ton plus grand défi : celui d'être pleinement vivant. Suis ton cœur et tes envies pour mieux construire ta nouvelle vie. Tu es là pour te recréer constamment selon la plus haute vision que tu peux avoir de toi-même. Fais de chaque instant une occasion d'être qui tu es, et surtout de sourire sans raison, simplement pour ne plus souffrir.

-142-

Et vous, avez-vous déjà ressenti ou vécu ce genre de relation basée sur la pureté et la simplicité?

Apprendre à aimer, c'est faire confiance à ce que ton cœur te murmure. C'est prendre conscience que pour y arriver, il faut savoir exprimer et ressentir ce sentiment le plus pur en toute liberté.

D'où qu'il te vienne, accueille l'amour avec respect et enthousiasme. Laisse la magie de la vie opérer pour mieux aimer et être aimé.

-143-

Nous sommes tous des êtres sensibles et fragiles malgré la difficulté pour certains de l'exprimer... un jour ou l'autre, nous rencontrons tous des moments plus difficiles ou même de terribles souffrances.

Sois conscient que, ce qui fait toute la différence, c'est ta capacité à t'adapter et à te relever même si tu te sens écrasé par le poids de ton existence. Quand tu ne sens plus la force en toi de continuer à avancer, demande humblement à l'Univers de te guider. Tu n'es jamais vraiment seul pour mener ton combat. Une puissance supérieure habite ton cœur. Prends le temps de te reposer, de méditer et de puiser en toi le courage de sourire malgré tes nombreux soucis. Au-delà des plus gros nuages se cache toujours un soleil radieux!

-144-

Tous ceux et celles qui ont un chien comprendront cela : s'ils peuvent aimer autant sans condition, pourquoi ne le pourrais-tu pas toi aussi?

Aime pour le simple plaisir d'aimer et d'être aimé. Rien n'est plus bénéfique pour toi que ce sentiment thérapeutique. Il guérit tous les maux et t'aidera à retrouver un sens à ta vie. Aime, du mieux que tu peux, tout ce qui croisera ta route. Que ce soit un ami, un papillon, le soleil ou même la pluie, aime et laisse de côté tous tes doutes. L'amour libère les cœurs lourds et embellit chaque nouveau jour. Commence par aimer une personne ou un être de toute ton âme, puis étends peu à peu cet amour tout autour de toi. Aime comme tu aimerais être aimé! »

-145-

Comment arriver à voir clair dans une tempête de pensées et de sentiments désordonnés? Comment pouvons-nous remplir une coupe d'eau pure et limpide quand elle est déjà pleine d'eau stagnante?

Laisser aller ce qui a fait son temps et surtout ce qui ne te convient plus maintenant... Tant que tu résistes à la vie, les problèmes persistent. Alors, ne perds plus de temps à retenir tes élans. Laisse toutes tes inquiétudes de côté et retrouve ta liberté. Vis ici et maintenant pour mieux savourer ton présent. Lâche prise sur tout ce que tu sais, car c'est ainsi que l'on renaît...

-146-

C'est l'un des plus grands secrets du bonheur... apprends à te connaître, à te respecter, et enfin, à t'aimer pour ne plus te laisser influencer par la négativité, de te juger ou de te rabaisser. Personne n'a de droits sur toi. Tu es né libre et unique, alors fais tout ce que tu peux pour mourir ainsi. Le créateur nous a tous conçus égaux, alors sois pleinement qui tu es sans avoir honte ou peur de ce que les autres vont dire ou penser.

Le monde a tant besoin de personnes comme toi... N'attends plus, sois le changement que tu as souhaité voir autour de toi. Sois libre, intègre et rayonnant!

-147-

En te promenant dans la nature, regarde la beauté et la perfection de la vie. Il y règne une telle harmonie... Toute chose a sa raison d'être! Pour évoluer et survivre, chaque être vivant doit inévitablement accepter sa condition, puis trouver une solution pour mieux s'adapter.

C'est la même chose pour toi, tu n'as pas d'autres choix, si tu veux grandir et t'épanouir, que de te reposer, s'il le faut, mais de toujours continuer à avancer.

La vie est remplie d'épreuves, accueille-les sans résistance et tu éviteras ainsi beaucoup de souffrances, car ce à quoi tu résistes persiste. Lâche prise et continue à vivre ta vie avec le sourire. Aie confiance en la perfection de l'Univers et continue à faire de ton mieux. Ne travaille plus contre la vie, mais plutôt en harmonie avec celle-ci. Les plus grandes beautés de la nature ont souvent été modelées par le temps et les éléments. Accepte, toi aussi, de te transformer afin d'exposer tes plus grandes beautés cachées...

-148-

Tout a sa place au centre de ton existence... chaque personne, chaque situation et chaque nouveau défi sont une nouvelle occasion pour toi de te découvrir, de t'ouvrir et enfin d'offrir au monde ce qu'il y a de plus beau en toi. À travers les nombreux méandres de cette vie, tu découvriras, malgré toi, que la majorité du temps, tu ne pourras changer les choses ou les événements. En revanche, tu peux apprendre à transformer la vision que tu portes sur ceux-ci...

Tout ce qui se présentera sur ton chemin, de beau et de moins beau, a sa raison d'être. Ouvre ton cœur et ton esprit à la vie et accepte de te laisser façonner. Comme la chenille qui devient papillon, tu peux toi aussi te transformer et ouvrir tes ailes pour regagner ton ciel. Alors, n'oublie jamais cela, c'est ton regard qui peut changer ce qui ne peut être changé. En toute chose, cherche l'enseignement qui t'amènera les bons changements au-dedans...

-149-

La véritable force n'est pas celle de tes muscles ou de ton entêtement, mais bien celle qui émane d'un cœur vaillant et patient. Dans cette vie, rien n'est acquis... il faut constamment se surpasser afin de pouvoir continuer à évoluer.

Ce qui fera toute la différence au sein de ton existence, c'est ta capacité à accepter la souffrance qui, telle la rivière, façonne peu à peu le roc de ta conscience.

Ne crains plus les défis que t'apporte la vie, car c'est dans chaque épreuve que tu peux faire tes preuves. Étudie patiemment chacun de tes soucis pour mieux trouver la solution dissimulée à l'intérieur de ceux-ci. La persévérance est la clé de ta délivrance. Accepte de grandir, puis de t'ouvrir à la sagesse de ton cœur en acceptant parfois de souffrir tout en gardant ton sourire. Tu sais maintenant qu'un changement est imminent...

-150-

Chaque personne est unique, voilà ce qui est remarquable, peu importe avec qui tu es et ce que tu fais, sois simplement toi. Ne cherche plus ton bonheur dans l'appréciation des autres, car tu seras toujours déçu. Crois plutôt en tes merveilleuses capacités et travaille constamment sur ton intégrité. Offre au monde le meilleur de ta personne pour que le changement opère ici et maintenant.

Si tu ne te sens pas à l'aise avec ton entourage, si tu crains d'être ridiculisé du simple fait de ton authenticité, le temps est sûrement venu pour toi de changer tes priorités...

Prends soin de ta personne et fais toujours de ton mieux, ainsi tu attireras les bons amis et le meilleur dans ta vie.

À propos de l'auteur

Je suis Jason, un homme du nord du Québec, habitant les terres éloignées du Lac-Saint-Jean. J'aime l'aventure, la nature et les animaux. Mon enfance fut bercée par les expéditions d'aventuriers et de romanciers qui ont, de récit en récit, édifié l'être que je suis. J'ai toujours été attiré par la spiritualité autochtone. La plupart du temps, je ne trouve la paix intérieure qu'au milieu du silence sacré de la forêt. J'y passe beaucoup de temps à réfléchir et à écouter pour mieux me retrouver. C'est ainsi que ma connexion avec le Créateur s'approfondit ainsi que ma reconnaissance envers la Vie...

Je me consacre, depuis plusieurs années déjà, à réaliser mes rêves, tels que l'équitation, le traîneau à chiens, le canoë, l'exploration des grands espaces à pied et maintenant aussi l'écriture. J'ai même déjà été trappeur, mais mon amour des animaux l'a remporté sur ce métier. Plus le temps passe et plus j'ai envie de vivre dans la forêt en harmonie avec la nature...

Aujourd'hui, je me passionne plus que tout à répandre, par les mots, l'envie d'oser et de se réaliser à travers nos rêves. Chaque nouveau jour, je me réjouis aussi à l'idée de pouvoir partager toujours plus mon amour des grands espaces, des animaux et de la spiritualité avec vous tous.

Pour en savoir plus : jasonlapointe.com

Autres titres de Jason Lapointe

À l'aube de l'éveil, tome 1, Éditions Ariane

À l'aube de l'éveil, tome 2, auto-édition

MARQUIS

Québec, Canada

Imprimé sur Rolland Enviro.
Ce papier contient 100% de fibres postconsommation,
est fabriqué avec un procédé sans chlore
et à partir d'énergie biogaz.

100%

PCF

BIO GAZ ÉNERGIE

PERMANENT